C.H.BECK ✛ WISSEN

in der Beck'schen Reihe

W0057974

Bis zum heutigen Tag ist der Suizid ein Tabu geblieben. Zum Beispiel ist wenig bekannt, daß in der Bundesrepublik schon seit Jahren die Zahl der Suizidtoten die der Verkehrstoten übersteigt. Dieses Buch gibt einen Überblick über die Hintergründe von Suizid und Suizidversuch, und es informiert über Erscheinungsformen, Ursachen, Warnsignale, Prävention und Therapie. Es geht dabei darum, Legenden zu korrigieren und ein sowohl wissenschaftlich haltbares wie auch in der konkreten Krisenintervention hilfreiches Bild von Suizid und Suizidgefährdung zu vermitteln.

Prof. Dr. med. *Thomas Bronisch* ist Facharzt für Psychiatrie und Psychotherapie und Facharzt für Psychotherapeutische Medizin. Er ist Leiter der Psychiatrischen Ambulanz an der Klinik des Max-Planck-Instituts für Psychiatrie in München. Hauptarbeitsgebiete: Depression, Sucht, Angst, Persönlichkeitsstörungen, Suizidforschung.

Thomas Bronisch

DER SUIZID

Ursachen – Warnsignale – Prävention

Verlag C.H.Beck

Die Deutsche Bibliothek – CIP-Einheitsaufnahme

Bronisch Thomas:
Der Suizid / Thomas Bronisch. – Orig.-Ausg. – 3. Aufl. –
  München: Beck, 1999
  (C. H. Beck Wissen in der Beck'schen Reihe ; 2006)
  ISBN 3 406 39006 4

Originalausgabe
ISBN 3 406 39006 4

3. Auflage. 1999
Umschlagentwurf von Uwe Göbel, München
© C.H. Beck'sche Verlagsbuchhandlung (Oscar Beck), München 1995
Gesamtherstellung: C. H. Beck'sche Buchdruckerei, Nördlingen
Gedruckt auf alterungsbeständigem (säurefreiem) Papier
(hergestellt aus chlorfrei gebleichtem Zellstoff)
Printed in Germany

Inhalt

I. Einleitung

> Denn die einen sind im Dunkeln
> Und die andern sind im Licht.
> Und man siehet die im Lichte
> Die im Dunkeln sieht man nicht.
>
> Bertolt Brecht: *Dreigroschenoper*

Suizid und Suizidversuch sind Verhaltensweisen, die nur dem Menschen eigen sind. Sie berühren fundamental seine Existenz und setzen Selbstreflexion voraus, d.h. ein bewußtes Handeln mit der Konsequenz bzw. dem Versuch, die eigene Existenz auszulöschen.

Bemerkenswerterweise werden in dem Buch „Das Ich und sein Gehirn" von dem Philosophen Sir Karl Popper und dem Gehirnphysiologen Sir John Eccles (1977), welches sich mit der den Menschen von allen anderen Lebewesen trennenden Eigenschaft der Selbstreflexion auseinandersetzt, die Fähigkeit des Menschen, Feuer herzustellen, und das Bedürfnis, die Toten zu begraben, als erste Zeichen der Selbstreflexion der Spezies Mensch angesehen.

Wir können nicht wissen, ob der Vorzeitmensch Hand an sich gelegt hat, aber schon in der Bibel, und zwar sowohl im Alten als auch im Neuen Testament, findet man eine Reihe von Suiziden. Insgesamt gibt es 15 Beschreibungen möglicher Suizidakte (Barraclough 1992): Neun fallen auf das Alte Testament, wobei Saul selbst dreimal erwähnt wird und zweimal seine Waffenträger: Abimilech, Samson, Saul, Waffenträger Sauls, Ahithophel, Zimri. Fünf Beschreibungen gibt es in den Apokryphen: Ptolemy, Macron, Razis, der siebte Bruder, des siebten Bruders Mutter. Schließlich wird im Neuen Testament zweimal Judas Ischariot erwähnt. Auffallend ist, daß sich in der Bibel kein ausdrückliches Verbot des Selbstmordes findet, während im Talmud und im Koran eindeutig Stellung gegen den Selbstmord genommen wird.

Auch in der Antike bei den Griechen und Römern werden Suizide berichtet, welche anekdotisch und verstreut über die gesamte Dichtung und Geschichtsschreibung zu finden sind. Die Einschätzung des Selbstmordes hängt bei diesen Völkern sehr von den religiösen Anschauungen einzelner Epochen und den Einstellungen einzelner philosophischer Schulen ab (van Hooff 1990).

Der Suizid war und ist – in der geschriebenen Geschichte – eine umstrittene Handlung. Während in der Bibel und der Antike der Suizid auch eine vertretbare oder sogar erwünschte Lösung eines sonst unlösbaren Konfliktes sein konnte, wurde auf dem Konzil von Arles 452 erklärt, daß der Selbstmord ein Verbrechen sei und nur die Folge des *furor diabolicus* darstellen könne. Ein Jahrhundert später wurde angeordnet, daß dem Leichnam des Selbstmörders das christliche Begräbnis verweigert werde. Das Konzil von Nîmes im Jahre 1184 machte die Verdammung des Selbstmordes zu einem Teil des kanonischen Rechtes. Durch die Verflechtung von staatlicher und kirchlicher Gewalt im Mittelalter wurde die kirchliche Verdammung des Selbstmordes in vielen europäischen Staaten in die gesetzlichen Bestimmungen aufgenommen.

Als erstes Land strich Frankreich während der Revolution 1790 den Selbstmord von der Liste der gesetzlichen Verbrechen, Preußen folgte sechs Jahre später. Österreich schloß sich dieser Entwicklung erst im Jahre 1850 an. Als letztes europäisches Land schaffte England 1961 ein Gesetz ab, das Selbstmord als Verbrechen mit Mord gleichsetzte und versuchten Selbstmord als Vergehen bewertete, das strafrechtlich verfolgt wurde.

Der große französische Psychiater des 19. Jahrhunderts, Esquirol, sah in dem Suizid alle Merkmale der Geisteskrankheiten (1838). In dieser Ansicht folgten ihm viele Psychiater nach, wie etwa Gaupp (1905).

Noch heute bestehen diese Einschränkungen fort und haften auch an verschiedenen Begriffen für die Tatsache des Hand-an-sich-Legens: „Freitod" (Améry 1976), „Selbstmord" als Vergehen in den christlichen Religionen bzw. Selbstmord als Abschluß einer krankhaften Entwicklung (Ringel 1953). In diesem Buch wird der neutrale und in der wissenschaftlichen Literatur verwandte Begriff des „Suizides" bzw. „Suizidversuches" ge-

braucht, entsprechend dem lateinischen *sui cidium* (Selbsttötung) bzw. *sui caedere* (sich töten), 1177 zum ersten Mal
erwähnt. Suizident ist derjenige, der eine Suizidhandlung unternimmt.

Bis zum heutigen Tage ist der Suizid ein Tabu geblieben.
Kaum jemandem ist es z.B. bekannt, daß in der Bundesrepublik
Deutschland (alte und neue Bundesländer) schon über ein hal-
bes Jahrzehnt die Zahl der Suizidtoten die der Verkehrstoten
übersteigt. Jeder 67ste Mann und jede 143ste Frau beenden ihr
Leben durch Suizid. Bei den Todesursachen in der Altersgruppe
der 15- bis 35jährigen steht der Suizid nach Unfällen an zweiter
Stelle. Mit der höheren Lebenserwartung steigen auch weiterhin die Suizidzahlen, zumal mit höherem Lebensalter die Suizidrate zunimmt (Schmidtke und Weinacker 1994).

Es läßt sich nur spekulieren, warum trotz des durch seine
Häufigkeit schon kaum zu übersehenden Problems der Mantel
des Schweigens und Verleugnens über das Phänomen Suizid
gelegt wird. Ist es das Verdikt fast aller Religionen oder die
noch gar nicht so lange zurückliegende Strafandrohung des
Staates, oder ist es eine uns allen innewohnende selbstzerstöre-
rische Tendenz, wie es der Psychiater und Psychoanalytiker
Karl Menninger 1938 annahm, die wir verleugnen müssen? In
jedem Falle scheint es geboten, diesem Thema nicht weiter aus-
zuweichen.

Eine Monographie über Suizid und Suizidversuch zu schreiben
ist nicht leicht. Das Thema spannt sich von der Medizin zur
Psychologie, von der Soziologie zur Anthropologie, von der
Philosophie zur Religion. Das Wissen, das dieses Buch vermitteln will, stützt sich auf empirische Studien, d.h. Studien, die mit
Gruppen von Personen mit suizidalem Verhalten und evtl. Ver-
gleichsgruppen (Personen ohne suizidales Verhalten) durchgeführt worden sind, wobei objektivierende Untersuchungsmetho-
den (z.B. Fragebögen oder Interviews) zur Anwendung kamen.

Sir Karl Popper hat in seinem wissenschaftstheoretischen
Werk „Logik der Forschung" (1934) die Grundprinzipien em-
pirischer Forschung formuliert, nämlich daß Hypothesen bei
Anwendung empirischer Forschung gebildet werden, die grund-

sätzlich falsifizierbar (widerlegbar) sind. Je häufiger und je länger eine Hypothese durch empirische Studien nicht widerlegbar ist, desto größeren Wert hat sie. Nur äußerst selten gelingt es, Hypothesen zu verifizieren (bestätigen).

Dennoch muß und will ich auch auf individuelle Beobachtungen und persönliche Erfahrungen zurückgreifen, da die empirische Forschung in vielen Bereichen bis jetzt noch nicht ausreichend tätig war oder ihr der Zugriff versperrt ist und vielleicht auch immer versperrt bleiben wird.

Mit einem historischen Abriß über die Entwicklung der Forschung auf dem Gebiet der Suizidologie und der Darstellung begrenzter Aussagekraft von wissenschaftlichen Ergebnissen soll dem Leser ein größeres Verständnis für die einzelnen Problemstellungen und eine bessere Bewertung der Forschungsergebnisse ermöglicht werden.

Es liegt in der Natur der Sache „Suizid", daß es keine absolut objektive Bewertung gibt. Ich bin mir meiner Herkunft als klinisch tätiger Psychiater und Psychotherapeut sowie als empirischer Wissenschaftler bewußt und hoffe dennoch, andere Disziplinen wie Philosophie und Soziologie ausreichend würdigen zu können.

Das Buch gliedert sich in Definition und Beschreibung von suizidalen Verhaltensweisen, Unterschiede und Gemeinsamkeiten von Suizid und Suizidversuchen, Epidemiologie, Klinik, Entstehungstheorien, Suizid als existentielles Problem, Prävention und Therapie. Schlußendlich wird der Versuch einer Zusammenfassung der dargestellten Ergebnisse und Bemerkungen unternommen.

Manchem Leser, der mit wissenschaftlicher Literatur nicht so vertraut ist, werden die häufigen Literaturzitate lästig fallen. Sie sollen dem Interessierten eine Vertiefung in einzelne Aspekte der Suizidologie ermöglichen, dem Fachmann als Hinweis für die Quelle dienen. Soweit es möglich war, wurde von mir auf (deutschsprachige) Übersichtsarbeiten und Bücher zurückgegriffen. Bei neueren Erkenntnissen oder Erkenntnissen, die nur auf einer oder wenigen empirischen Studien basieren, werden Originalarbeiten zitiert.

II. Suizidale Verhaltensweisen

1. Definition

Drei Begriffe sind zu definieren, die Formen suizidalen Erlebens und Verhaltens beinhalten:
– Suizidideen
– Suizidversuche
– Suizide

Suizidideen können bedeuten: Nachdenken über den Tod im allgemeinen und den eigenen Tod, Todeswünsche und suizidale Ideen im engeren Sinne. Hierbei handelt es sich um direkte Vorstellungen von der Suizidhandlung, d.h. „ich möchte mich umbringen" und „wie kann ich mich umbringen".

Die einfachste und doch sehr präzise Definition von suizidalen Verhaltensweisen stammt von Stengel (1970): „Eine auf einen kurzen Zeitraum begrenzte absichtliche Selbstschädigung, von der der Betreffende, der diese Handlung begeht, nicht wissen konnte, ob er sie überleben wird oder nicht."

Für Suizidversuche wird mittlerweile in der wissenschaftlichen Literatur weitgehend die Definition von Kreitman (1980) akzeptiert. Demnach ist ein Suizidversuch, von dem Autor „Parasuizid" genannt, wie folgt definiert: Ein „selbstinitiiertes, gewolltes Verhalten eines Patienten, der sich verletzt oder eine Substanz in einer Menge nimmt, die die therapeutische Dosis oder ein gewöhnliches Konsumniveau übersteigt und von welcher er glaubt, sie sei pharmakologisch wirksam". Diese dem Leser vielleicht akademisch-gedrechselt vorkommende Definition eines Suizidversuches wird einleuchtender, wenn man sich folgende Situationen vor Augen hält: Ein Drogenabhängiger vergiftet sich selbst mit Halluzinogenen und kommt dabei zu Tode, ohne daß von ihm eine Absicht zu sterben vorgelegen hätte. Ein anderer Patient nimmt in der Absicht, sterben zu wollen, eine Substanz ein, die nachweislich keine pharmakologisch wirksame Eigenschaft aufweist. Aus der Definition des Suizidversuches/Parasuizides von Kreitman ergibt sich also, daß eine aktive Intention zur Beendigung des eigenen Lebens vorhanden sein muß.

Aus der oben aufgeführten Definition folgt, daß der Suizid ein zum Tode führender Suizidversuch ist. Dem Leser mag dieser Satz banal erscheinen. Im Kapitel über Epidemiologie werden wir aber sehen, daß bei der Erhebung von Suizidhäufigkeiten im hohen und höheren Lebensalter die Entscheidung schwierig sein kann, ob der Suizidversuch oder bestehende körperliche Erkrankungen zum Tode des Betreffenden geführt haben.

Die Definition von Suizidversuch und Suizid schließt eine Gruppe von selbstschädigenden Verhaltensweisen aus, welche von einigen Autoren, wie z. B. Karl Menninger (1938), als verzögerte Selbsttötung beschrieben werden: Alkohol-, Medikamenten- und Drogenabhängigkeit, Magersucht oder u. U. auch riskante sportliche Aktivitäten mit einem hohen Risiko für Leib und Leben des Betroffenen (riskante Formen von Bergsteigen, Drachenfliegen, Skifahren, Autofahren etc). Bei diesen Verhaltensweisen nimmt Karl Menninger einen dem Betroffenen nicht bewußten Todeswunsch an. Jedoch fehlt hier die aktive oder besser die aktive, bewußte Intention zu sterben sowie die auf einen kurzen Zeitraum begrenzte absichtliche Selbstschädigung.

Eine weitere selbstschädigende Handlung, die vom Suizidversuch und Suizid getrennt gehalten werden sollte, ist der Opfertod. Der Opfertod beinhaltet ein Sich-Opfern für einen anderen Menschen oder eine Gemeinschaft, für eine Idee, Ideologie oder einen Glaubensinhalt. Askese und Märtyrertum, von Karl Menninger als selbsttötende Verhaltensweisen beschrieben, gehören hier ebenfalls dazu. Der Suizid hingegen ist eine Handlung, die der Betroffene für sich selbst tut als letzten oder besten Ausweg aus einer für ihn unerträglichen Situation.

2. Beschreibung

Bei der Beschreibung von Suizidversuchen hat es sich als klinisch brauchbar erwiesen, eine Unterteilung zu treffen, die sich nach den Motiven des Suizidenten richtet (Feuerlein 1971). Allerdings werden uns Motive des Suizidenten in einem späteren Kapitel noch einmal beschäftigen, wenn wir auf psychologische Theorien zur Erklärung von suizidalem Erleben und Verhalten zu sprechen kommen.

Folgende Motive können die Suizidhandlung bestimmen:
– Parasuizidale Pause mit dem Motiv der Zäsur
– Parasuizidale Geste mit dem Motiv des Appells
– Parasuizidale Handlung mit dem Motiv der Autoaggression

Parasuizidale Pause
Hier steht der Wunsch nach einer Zäsur des Betreffenden im Vordergrund. Patienten berichten dann oft nach Tabletten- und/oder Alkoholintoxikationen, daß sie für immer schlafen wollten oder einfach abschalten und ihre Ruhe haben wollten, ohne daß unbedingt der Wunsch zu sterben von dem Betreffenden für sich selbst formuliert worden ist.

Den Leser mag es befremden, daß die parasuizidale Pause als Suizidversuch gilt. Zweifellos befinden wir uns hier in einem Grenzbereich. Einerseits wird von dem Betreffenden keine eindeutige Intention zum Sterben formuliert, andererseits handelt es sich um ein „selbstinitiiertes, gewolltes Verhalten eines Patienten, der eine Substanz in einer Menge nimmt, die die therapeutische Dosis oder ein gewöhnliches Konsumniveau übersteigt und von der er glaubt, sie sei pharmakologisch wirksam" (Kreitman 1980).

Schließlich gibt uns die empirische Forschung recht, die parasuizidale Pause zu den Suizidversuchen zu zählen; denn die betreffenden Patienten begehen in einem hohen Prozentsatz – erneut – Suizidversuche mit eindeutigen Suizidintentionen und unterscheiden sich hierin nicht von Patienten mit parasuizidaler Geste oder parasuizidaler Handlung (Felber 1993).

Parasuizidale Geste
Hier steht der Appell an den Mitmenschen im Vordergrund. Patienten drücken diesen Appell sehr oft durch ein typisches Arrangement des Suizidversuches aus: Entweder wird der Sui-

zidversuch, z. B. mit Tabletten, direkt vor den Augen der Person unternommen, an die sich der Appell richtet, oder der Suizidversuch wird so angelegt, daß der Suizident von der betreffenden Person, an die sich der Appell richtet, mit großer Wahrscheinlichkeit gefunden werden wird. So werden viele Suizidversuche bei drohender Trennung vom Partner in dessen Wohnung und zu einem Zeitpunkt unternommen, wo sich der Suizident ziemlich sicher sein kann, noch rechtzeitig entdeckt zu werden. Auch für die parasuizidale Geste gilt, daß die Betroffenen eine hohe Wiederholungsrate für alle Arten parasuizidaler Verhaltensmuster aufweisen (Felber 1993).

Parasuizidale Handlung mit ausgesprochener
Autoaggression
Hier steht die Autoaggression im Vordergrund im Sinne eines mißglückten Suizides. Drei Charakteristika heben die parasuizidale Handlung von parasuizidaler Pause und parasuizidalem Appell ab. Im Gegensatz zur parasuizidalen Pause hat der Betroffene eine eindeutige Intention zu sterben, im Gegensatz zum parasuizidalen Appell läßt das Arrangement ein rechtzeitiges Auffinden mit großer Sicherheit nicht zu. Schließlich wird eine Suizidmethode angewandt, welche einen tödlichen Ausgang wahrscheinlich werden läßt, also z. B. hohe Dosen einer hochwirksamen pharmakologischen Substanz oder sich erhängen, sich erschießen etc.

Die zuletzt genannten Suizidmethoden werden auch als „harte Methoden" bezeichnet, während Tabletten- und Drogeneinnahme sowie oberflächliches Ritzen an den Handgelenken als „weiche Methoden" beschrieben werden.

Diese Einteilung von Suizidversuchen in parasuizidale Pause, Geste und Handlung führt direkt zum Problem der Ernsthaftigkeit von Suizidversuchen. Die Ernsthaftigkeit eines Suizidversuches kann demnach durch drei Indikatoren beschrieben werden: die Suizidintention, d. h., wie ausgeprägt der Wunsch zu sterben ist; das Suizidarrangement, d. h., inwieweit der Betreffende ein (rasches) Auffinden seiner Person nach erfolgtem Suizidversuch möglich oder unmöglich macht; die Suizidmethode,

d.h., ob der Betreffende eine Methode mit hoher Wahrscheinlichkeit eines tödlichen Ausganges oder einer niedrigen Wahrscheinlichkeit eines tödlichen Ausganges wählt. Harte und weiche Suizidmethoden decken sich hierbei nicht vollständig, denn
eine hohe Dosis einer stark toxischen pharmakologischen Substanz (z.B. Arsen) gilt als weiche Methode. Umgekehrt gilt das
Werfen eines Föns in die Badewanne als harte Methode, heut-
zutage aber hat diese Methode wegen der elektrischen Sicher-
ungen oft keinen tödlichen Ausgang.

Dennoch sind diese Charakteristika für ernsthafte Suizidversuche nicht absolut zutreffend, was an einem Beispiel erläutert
werden soll: Eine Patientin unternimmt einen Suizidversuch mit
Einnahme von 20 Schlaftabletten, die sie im Medikamenten-
schrank vorgefunden hat (weiche Methode). Sie nimmt diese
abends ein, legt sich ins Ehebett (Arrangement ermöglicht ein
rasches Auffinden). Ihr Wunsch ist einfach, nach den vielen
Streitigkeiten mal völlig abzuschalten (parasuizidale Pause).
Die Patientin verstirbt noch in derselben Nacht: Bei den Tabletten handelte es sich um Schlafmittel, welche zu einer Lähmung
des Atemzentrums führten. Der Ehemann ging erst spät zu Bett,
hatte auf die nicht eindeutigen Suizidäußerungen seiner Frau
nicht reagiert. Er fand sie schlafend vor, die Medikamenten-
schachtel war vom Nachttisch gefallen und lag für den Ehemann nicht direkt sichtbar auf dem Boden. Am nächsten Morgen konnte der herbeigerufene Notarzt nur noch den Tod der
Patientin feststellen.

III. Unterschiede und Gemeinsamkeiten von Suizid und Suizidversuch

Das Buch ist mit dem Titel „Der Suizid" überschrieben. Dennoch handelt es sich um eine Abhandlung über Suizidversuche und Suizide sowie, im geringeren Ausmaß, über Suizidideen. Aus der Definition des Suizides als ein zum Tode führender Suizidversuch könnte leicht geschlossen werden, daß zwischen Personen mit Suizidversuch und mit Suizid kein wesentlicher Unterschied besteht oder umgekehrt, daß beide Personengruppen sich so wesentlich voneinander unterscheiden, daß beide in einem Buch getrennt oder in zwei verschiedenen Büchern abgehandelt werden sollten.

Es ist das Verdienst Erwin Stengels (1964), die Unterschiede zwischen den Gruppen von Personen mit Suizid und mit Suizidversuch herausgearbeitet und empirisch untersucht zu haben: Vor allem formulierte Stengel (1961) präzise die Unterschiede zwischen beiden Gruppen:

1. Die beiden Gruppen sind verschieden groß, wobei die der Suizidversuche um ein Vielfaches größer ist als die der Suizide.

2. Die Zusammensetzung der beiden Gruppen in bezug auf Geschlecht und Altersverteilung ist eine andere. Bei der Gruppe der Suizide überwiegen Männer, bei der Gruppe der Suizidversuche Frauen. In höherem Alter ist die Zahl der Suizide häufiger, in jüngerem Alter die der Suizidversuche.

3. Die Tendenz der Mitglieder der einen Gruppe, d.h. der der Suizidversuche, in die andere Gruppe überzugehen, d.h. Suizid zu begehen, ist verhältnismäßig gering.

4. Während mit dem „gelungenen Suizidversuch", d.h. dem Suizid, das Leben des Individuums zum Abschluß kommt, wird der „mißglückte" Suizidversuch ein bedeutungsvolles Ereignis im Leben des Individuums und führt oft zu entscheidenden Veränderungen in seiner Lebenssituation, besonders in den Beziehungen zu den Mitmenschen.

Es scheint sich also um zwei verschiedene Gruppen zu handeln. Folgende empirische Befunde lassen jedoch deutlich erkennen, daß es erhebliche Überschneidungen zwischen den beiden Gruppen gibt:

1. Je häufiger Suizidversuche unternommen werden, desto größer ist die Wahrscheinlichkeit eines vollendeten Suizides (Bronisch 1992a).

2. Zwar überwiegen bei weitem Frauen bei Suizidversuchen und Männer bei Suiziden, aber auch eine erhebliche Anzahl von Frauen bringt sich um, bzw. eine erhebliche Anzahl von Männern unternimmt Suizidversuche. In jüngerem Alter zwischen 15 und 35 Jahren zeigt sich ein deutliches Ansteigen der Suizidziffern bei beiden Geschlechtern in den 70er und 80er Jahren (Klerman 1988).

3. Der Versuch, Eigenschaften von Personen zu finden, die einen späteren Suizid sehr wahrscheinlich machen, d.h. voraussagen (sog. Prädiktoren), ist bis jetzt nur ungenügend gelungen. Die Eigenschaften, die eine gewisse Vorhersagekraft für einen gelungenen Suizid aufweisen, treffen in einem hohen Prozentsatz auch auf Personen zu, die sich nicht suizidieren (Pokorny 1983).

4. Zwar ist der „mißglückte" Suizidversuch ein bedeutungsvolles Ereignis im Leben des Individuums, das zu entscheidenden Veränderungen seiner Lebenssituation führen kann. Es bleibt aber offen, ob die Veränderung zu einer positiven Wende im Leben des Betroffenen führt oder zum „gelungenen Suizidversuch", der das Leben des Individuums zum Abschluß bringt.

Wir müssen beide Gruppen gemeinsam betrachten und werden im Laufe dieser Abhandlung noch genauer auf die Unterschiede zu sprechen kommen.

IV. Epidemiologie

Epidemiologie ist die Lehre von der Verteilung von Krankheiten, Störungen, Symptomen in Raum und Zeit und ihrer Beziehung (Korrelation) zu anderen Merkmalen, vornehmlich soziodemographischen wie Alter, Geschlecht, soziale Schicht etc. Dabei wird unterschieden zwischen Inzidenz und Prävalenz. Unter Inzidenz versteht man die Neu-Erkrankungsrate in einem definierten Zeitintervall (z.B. ein Jahr). Unter Prävalenz versteht man den Prozentsatz der Erkrankten in einem definierten Zeitintervall (meistens im Sinne einer Lebenszeitprävalenz, d.h. die Zahl der Personen, die bis zum Untersuchungszeitpunkt jemals eine Erkrankung hatte). Dem Leser werden Ergebnisse der Epidemiologie aus zwei Bereichen der Medizin bekannt sein. Einmal sind es Verbreitung und Ausbreitung von Infektionskrankheiten mit der Möglichkeit, deren Ursachen und Entstehungsbedingungen zu erkennen (z.B. Viren und deren Ausbreitung durch Ansteckung). Zum anderen die Aufdeckung der schädlichen Wirkung des Rauchens auf die Entwicklung von Lungenkrebs, welche vor allem die Möglichkeit der Prävention im Sinne einer Aufklärung der Bevölkerung sowie gesetzgeberischer Maßnahmen zur Eindämmung des Rauchens eröffnete.

In diesem Kapitel sollen die wichtigsten methodischen Probleme der epidemiologischen Forschung im Bereich von Suizid und Suizidversuch erläutert, die Forschungsstrategien geschildert und schließlich die wichtigsten Ergebnisse dargestellt werden.

1. Methodische Probleme der Erfassung von Suizid und Suizidversuch

Das wesentliche methodische Problem ist eine zuverlässige Erfassung von Suiziden und Suizidversuchen. Seit dem 19. Jahrhundert erfolgt in den meisten europäischen Ländern eine Todesursachenfeststellung durch einen Arzt, Leichenbeschauer etc.

und somit auch die Feststellung eines Suizides. Oftmals, gerade in früherer Zeit, als Suizid noch mit einem gesellschaftlichen und religiösen Tabu belegt war, wurde ein Suizid als Todesursache vertuscht. Eine Vertuschung kann aber auch aus handfesten ökonomischen Motiven erfolgen: Die meisten Versicherungsgesellschaften sehen Suizid als ein natürliches Risiko an und bestehen lediglich auf einer Klausel, nach der die Prämien ohne Zinsen zurückgezahlt werden, wenn der Versicherungsnehmer innerhalb von zwei Jahren nach Abschluß der Versicherung Suizid begeht. Diese Klausel soll als Sicherung gegen Personen dienen, die vielleicht eine Lebensversicherung mit der Absicht abschließen, Suizid zu begehen, sobald der Vertrag in Kraft getreten ist. Die Beweislast dafür, daß der Tod durch Suizid erfolgte, trägt die Versicherungsgesellschaft. Eine Suizidwelle nach Ablauf der Zweijahresfrist, in der die Versicherungsgesellschaften den Vertrag anfechten können, ist bis jetzt nicht bekannt geworden, so daß dieser Einfluß auf die Suizidstatistiken zu vernachlässigen ist.

In höherem Lebensalter mit seiner Prädisposition zu den verschiedensten Krankheiten, die schließlich zum Tode führen können, wird es immer schwieriger festzustellen, ob der Suizidversuch zum Tode geführt hat oder ob der Betreffende eines natürlichen Todes gestorben ist. Auch das Weglassen lebensnotwendiger Medikamente wird oft nicht als Suizidversuch erkannt (Wedler 1989). Es stellt sich allerdings die Frage, ob damit die Definition von Suizidversuch noch erfüllt ist, die ein aktives Handeln des Suizidenten voraussetzt.

Die Rechtsorgane brauchen einen eindeutigen Beweis einer solchen Absicht, bevor sie einen Todesfall als Suizid klassifizieren. Die juristischen Akzentsetzungen variieren von Land zu Land. Ähnliches gilt für die relative Gewichtung legaler und medizinischer Gesichtspunkte bei der Beurteilung von Todesursachen. Für gerichtliche Belange sind die Maßstäbe, was als Suizid zu gelten hat, strenger als für medizinische Belange (Kreitman 1986).

Durch gleichzeitige Beobachtung der Zu- oder Abnahme von unklaren Todesursachen bei Todesursachen-Statistiken lassen sich Rückschlüsse auf die „wahre" Suizidrate ziehen. In der Regel kommt es nämlich bei einer Zunahme der unklaren Todesursachen zu einer Abnahme von Suiziden (Schmidtke 1992).

Noch viel schwieriger gestaltet sich eine repräsentative Erfassung von Suizidversuchen: Es gibt in keinem Land der Welt eine systematische Erfassung von Suizidversuchen, die Vertuschungsrate ist hier besonders hoch, und die nicht einfache und zum Teil kontroverse Definition von Suizidversuchen macht die Erhebung von Suizidversuchsraten außerordentlich schwierig (Kreitman 1986).

2. Forschungsstrategien

Die entscheidende Forschungsstrategie der Epidemiologie des Suizids und Suizidversuches ist eine möglichst repräsentative Erfassung von Suiziden und Suizidversuchen in der Normalbevölkerung. Dies gelingt bei Suiziden durch die Todesursachen-Feststellung mit den oben gemachten Einschränkungen ganz gut. Bei der Erfassung von Suizidversuchen ist man hingegen angewiesen auf Angaben der Probanden oder auf objektive Befunde.

Eine objektive Erhebung von Suizidversuchen erfolgt durch die direkte Erfassung von Suizidenten, die aufgrund ihres Suizidversuches in Kliniken untersucht und evtl. aufgenommen worden sind. Diese Strategie setzt allerdings voraus, daß die Kliniken alle Patienten nach einem Suizidversuch aufnehmen und die Suizidversuche zuverlässig dokumentiert werden. Ein gewisser Anteil von Suizidenten, die sich nach Suizidversuch nicht in klinische Behandlung begeben, kann hiermit natürlich nicht erfaßt werden (ca. 20–30% nach Kennedy und Kreitman, 1973). Die subjektive Befragung von Personen aus der Normalbevölkerung oder Risikopopulationen erfolgt mit Fragebogen oder in Interviews und setzt Aufrichtigkeit der befragten Personen voraus.

Um Aussagen über Ursachen und Entstehungsmechanismen machen zu können, hat man Suizid- und Suizidversuchsraten über längere Zeiträume, d.h. Jahrzehnte bis ein Jahrhundert, verfolgt und mit Veränderungen gesellschaftlicher Strukturen (z.B. Wechsel von einer bäuerlichen zu einer Industriegesellschaft) oder historischen Ereignissen (z.B. Kriege) in Bezug gesetzt. Weiterhin werden die Suizid- und Suizidversuchsraten verschiedener Länder, Gesellschaften, Kulturen, Volksgemeinschaften miteinander verglichen. Eine spezielle Forschungsstrategie bilden dabei Migrationsstudien, d.h., es werden spezielle Bevölkerungsgruppen, die von einer Gesellschaft und Kultur in eine andere gewechselt sind, über Generationen weiterverfolgt. Mit diesen Methoden können dann soziale Einflüsse auf Suizid- und Suizidversuchsraten besser herausgearbeitet werden. Letztere Strategien werden im Fachgebiet der transkulturellen Psychiatrie bevorzugt angewandt (Murphy 1982).

Die wichtigsten Ergebnisse betreffen Häufigkeiten von Suiziden und Suizidversuchen in Europa und in Deutschland, Risikofaktoren, säkulare Trends und Migrationsstudien.

3. Häufigkeiten von Suiziden und Suizidversuchen in Europa

In Tabelle 1 und 2 sind die Suizidraten von 1986 (Tabelle 1) und 1960 (Tabelle 2) der Länder, die ihre Suizidziffern an die WHO weitergegeben haben, aufgelistet (nach Diekstra 1992).

Aus diesen Suizidziffern von 1960 und 1986 lassen sich gewisse Trends ablesen. Es finden sich große Unterschiede zwischen den einzelnen Ländern. Die südeuropäischen Länder haben relativ niedrige Suizidraten, die nord- und mitteleuropäischen Länder höhere Raten. An oberster Stelle stehen vor allem Staaten der ehemaligen K.u.K.-Monarchie, zusammen mit den nordeuropäischen Ländern, Schweiz und Deutschland (ehemalige DDR). Ein Vergleich der Tabellen 1 und 2 zeigt auch, daß über 25 Jahre hinweg Änderungen der Suizidraten in den einzelnen Ländern nur gering ausfallen, allerdings mit eindeutig zunehmender Tendenz für die meisten Länder. Ausnahmen bilden die mediterranen Länder, die ein Absinken der Suizidzif-

Land	Rate
Ungarn	45.3
Deutsche Demokratische Republik	43.1
Österreich	28.3
Dänemark	27.8
Finnland	26.6
Belgien	23.8
Schweiz	22.8
Frankreich	22.7
Bundesrepublik Deutschland	19.0
Tschechoslowakei	18.9
Schweden	18.5
Bulgarien	16.3
Jugoslawien	16.1
Norwegen	14.1
Luxemburg	13.9
Island	13.3
Polen	13.0
Schottland	11.6
Niederlande	11.0
Nordirland	9.3
Portugal	9.2
England und Wales	8.9
Irland	7.8
Italien	7.6
Spanien	4.9
Griechenland	4.1
Malta	0.3

Tabelle 1: Suizidraten (pro 100000 Einwohner)
in 27 Ländern 1980/1986

fern zeigen. Lediglich in der Tschechoslowakei erfolgte ebenfalls eine Abnahme der Suizidraten.

In Europa sind in allen Ländern die Suizidraten für Männer höher als für Frauen; dies gilt auch für die einzelnen Altersstufen. Außerhalb Europas nehmen sich in Indien Frauen häufiger als Männer das Leben. Dieses Überwiegen der

Land	Rate
Ungarn	37
Deutsche Demokratische Republik	29.2
Österreich	23.1
Schweiz	22.6
Tschechoslowakei	22.3
Finnland	20.5
Dänemark	20.3
Bundesrepublik Deutschland	20.1
Schweden	17.4
Frankreich	15.8
Belgien	14.6
Jugoslawien	13.9
Luxemburg	13.4
England und Wales	11.2
Island	10.6
Bulgarien	8.7
Portugal	8.7
Polen	8.0
Schottland	7.9
Niederlande	6.6
Norwegen	6.4
Italien	6.1
Spanien	5.5
Nordirland	4.4
Griechenland	4.3
Irland	3.0
Malta	0.9

Tabelle 2: Suizidraten (pro 100 000 Einwohner)
in 27 Ländern 1960

Frauen bleibt über alle Altersgruppen hinweg konstant (Pfeiffer 1994).

Die Suizidraten nehmen mit steigendem Alter zu, und zwar bei beiden Geschlechtern, wobei die Suizidraten von Mann und Frau sich annähern (Kreitman 1986). In den letzten beiden Dekaden war auch in den meisten europäischen Ländern eine

Zunahme der Suizidrate der 15- bis 35jährigen festzustellen (Klerman 1988).

Im Vergleich mit den Suizidraten weisen die Suizidversuchsraten ein sehr unterschiedliches Muster auf. Die Suizidversuchsraten wurden dabei über Kliniken, die Patienten nach Suizidversuch aufgenommen hatten und ein repräsentatives Einzugsgebiet einer Bevölkerung medizinisch versorgten, erfaßt. Die Ziffern liegen um das 10- bis 15fache über denen für Suizide (Kreitman 1986). Bei den Suizidversuchen überwiegt bei weitem das weibliche Geschlecht in der Altersstufe von 15–24 Jahre, dann gleichen sich die Zahlen immer mehr an, bis ab dem 50. Lebensjahr kein geschlechtsspezifischer Unterschied mehr festzustellen ist.

Es besteht auch wenig Zweifel, daß die Anzahl der Patienten mit Suizidversuch, die in Krankenhäusern gesehen werden, in den letzten Jahrzehnten bis 1980 in den meisten europäischen Ländern dramatisch gestiegen ist. Etwa um 1980 kam es dann zu einem Stillstand, was als Plateauphase bezeichnet wurde, mit einer leichten Tendenz zur Abnahme von Suizidversuchen bis 1988 (Platt et al. 1988).

Die Suizid- und Suizidversuchsziffern in der Bundesrepublik Deutschland (alte und neue Bundesländer)
In den alten Ländern der Bundesrepublik schwankte die Zahl der Suizide seit 1951 zwischen 9159 (1951) und 13926 (1977) pro Jahr. Die letzte bisher zur Verfügung stehende Gesamtzahl der Suizidtoten für 1992 beträgt für das Gesamtgebiet der alten Bundesländer 10087 Personen (7019 Männer und 3086 Frauen). Die Suizidziffer, d.h. die Zahl der Suizide pro 100000 Einwohner, für das Jahr 1992 betrug für Männer 22,28, für Frauen 9,20 (Schmidtke und Weinacker 1994).

Im Gesamtgebiet der neuen Bundesländer, der früheren DDR, begingen 1992 nach den vorläufigen amtlichen Statistiken 3342 Personen (2290 Männer und 1052 Frauen) Suizid. Die Suizidziffer für Männer betrug somit 30,4, die für Frauen 12,9. Im europäischen Vergleich liegen die Suizidziffern der alten Bundesländer im Mittelbereich, die der neuen Bundesländer im oberen Drittel (Schmidtke und Weinacker 1994).

Die Suizidraten im Deutschen Reich und in der Bundesrepublik sind über ein Jahrhundert hinweg erstaunlich konstant geblieben (Wedler 1992). Der Vergleich der Suizidziffern einzelner Bundesländer zeigt, daß es eher einen Ost-West- als einen Nord-Süd-Gradienten zu geben scheint, d.h., die Suizidraten von Schleswig-Holstein und Mecklenburg-Vorpommern unterscheiden sich kaum von den Suizidziffern von Baden-Württemberg und Bayern. Dagegen liegen die Suizidziffern von Thüringen, Sachsen und vor allem Brandenburg wesentlich höher als die von Saarland, Nordrhein-Westfalen und Hessen (Schmidtke und Weinacker 1994).

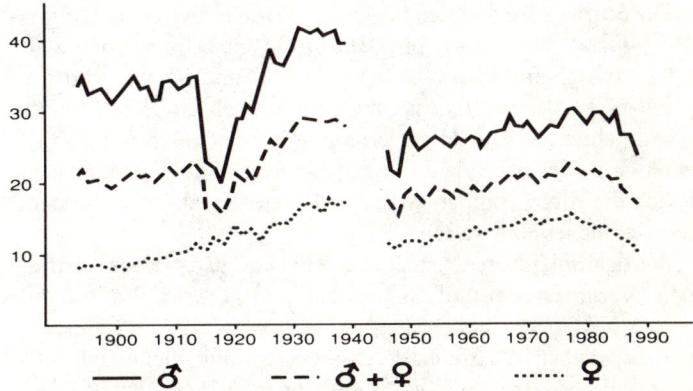

Die Suizidraten pro 100 000 Einwohner im Deutschen Reich von 1900 bis 1940 und in Westdeutschland von 1945 bis 1990 (nach Wedler 1992)

Im Vergleich zum Beginn der 50er Jahre sind langfristig in den letzten Jahren die „rohen" wie auch die altersadjustierten (d.h. gemäß der Altersstruktur in den Bundesländern angepaßten) Suizidziffern für die Gesamtbevölkerung zurückgegangen. Die Trends der einzelnen Altersgruppen differieren allerdings stark. Langfristige Zunahmen sind vor allem für die männlichen Altersgruppen zwischen 25 und 34 Jahren festzustellen. Der Anteil weiblicher Altersgruppen über 60 Jahre ist von 30% der Gesamtzahl der Suizide zu Beginn der 50er Jahre auf im

Durchschnitt fast 49% in den letzten fünf Jahren überproportional angestiegen.

Bei den Suizidmethoden überwogen zwischen 1962 und 1966 Vergiftungen, zwischen 1987 und 1992 harte Methoden. Bei den jungen Altersstufen hat in den alten Bundesländern die Zahl der sogenannten Drogentoten in den letzten Jahren deutlich zugenommen (im Vergleich zum Jahr 1986 mit 348 Drogentoten bis zum Jahr 1992 mit 2082 Drogentoten um 510%). Schon nach früheren Untersuchungen im Auftrag des Bundeskriminalamtes soll sich aber unter den Drogentoten ein nicht unerheblicher Anteil von Suiziden verstecken (mindestens 18%).

Die Suizidversuchsraten liegen für Männer zwischen 225 pro 100000 (1972) und 80 pro 100000 (1990), für Frauen zwischen zwischen 250 pro 100000 (1972) und 95 pro 100000 (1990). Die Suizidversuchsraten sind hierbei seit 1985 in etwa stabil geblieben. Die Altersverteilung der Personen mit Suizidversuch ist der der Suizide entgegengesetzt, wobei die höchsten Raten die Altersgruppen zwischen 15 und 30 Jahren, besonders die weiblichen, aufweisen.

Bei den Suizidversuchsmethoden überwiegen weiche Methoden (Vergiftungen) und „Schneiden", zu berücksichtigen sind jedoch auch „Alkohol" (allein) und „Kfz-Unfall". Hochgerechnet auf die alten Länder der Bundesrepublik, ließe sich aufgrund dieser Daten z.B. eine Zahl von etwa 1000 Kfz-Unfällen pro Jahr schätzen, die in suizidaler Absicht durchgeführt werden.

Ein besonderes Augenmerk wird noch auf die Suizid- und Suizidversuchsraten von Kindern, d.h. vom 4. bis zum 14. Lebensjahr, gelegt. Da Kinder bis zur Vorpubertät den Tod nicht als etwas Endgültiges ansehen, ist die Definition für Suizid nicht vollständig erfüllt (Pfeffer 1986). Andererseits liegen eindeutige Befunde vor, daß Kinder ab dem 4. Lebensjahr (!) Suizidabsichten haben und diese auch in die Tat umsetzen (Pfeffer 1986). Suizide von Kindern sind jedoch etwas sehr Seltenes. Von den unter 10jährigen Kindern in den alten und neuen Bundesländern wurden 1988 je ein Todesfall von einem

Jungen und Mädchen, 1989 von zwei Jungen, 1990 von einem Mädchen und 1991 von einem Jungen und zwei Mädchen als „Suizid" in der Todesursachenstatistik der BRD geführt. Deutlich mehr Suizide sind ab etwa 10 Jahren zu finden: 17 Jungen und 13 Mädchen für das Jahr 1991 (Schmidtke et al. im Druck).

Auch bei den Kindern und Jugendlichen dominieren „harte" Suizidmethoden. Von den 10- bis 14jährigen männlichen Kindern erhängten sich 1987–1991 im Durchschnitt etwa 84%, bei den weiblichen Kindern waren es 56% (Schmidtke et al. im Druck). Ähnliche Ziffern finden sich in den USA, wobei hier die häufigste Methode „Erschießen" ist (Pfeffer 1986).

4. Risikofaktoren

Aus den obengenannten Zahlen zur Alters- und Geschlechtsverteilung von Suiziden und Suizidversuchen sind schon einige Risikofaktoren bekanntgeworden, die hier durch weitere ergänzt werden.

Geschlecht
Für Suizide ist es das männliche Geschlecht, für Suizidversuche das weibliche Geschlecht.

Alter
Für Suizide sind es die Älteren, jenseits des 50. Lebensjahres und manchmal bis ins hohe Alter. Für Suizidversuche die jüngeren Altersgruppen, vor allem zwischen 15 und 34 Jahren.

Personenstand
Allgemein werden die höchsten Suizidraten bei Geschiedenen gefunden, insbesondere Männern, dasselbe gilt für Suizidversuche. Nach den Geschiedenen folgen die Verwitweten und schließlich die Ledigen, während die Verheirateten die niedrigsten Suizid- und Suizidversuchsraten aufweisen. Die Ehe scheint demnach bis zum heutigen Tage ein protektiver Faktor gegen Suizid und Suizidversuch zu sein.

Soziale Schicht

Hier muß bemerkt werden, daß die Bestimmung der sozialen Schicht nicht einfach ist. Man kann ausgehen von dem derzeitigen Berufsstand, wobei sich die Frage nach der Rangreihe der verschiedenen Berufe stellt. Man kann ausgehen von dem Bildungsstand des Betroffenen oder sogar vom Einkommen. Die bekannteste Einteilung der sozialen Schicht stammt von Hollingshead und Redlich (1958), welche fünf verschiedene soziale Schichten unterscheiden: Oberschicht, obere und untere Mittelschicht, obere und untere Unterschicht. Die vier letzten werden zu Mittelschicht und Unterschicht zusammengezogen. Die Schichtzugehörigkeit richtet sich bei Hollingshead und Redlich vornehmlich nach dem Prestige der Berufe, das in der ganzen Welt eine erstaunliche Einheitlichkeit aufweist, sowie nach dem Ausbildungsstand der Betroffenen. Wenn Frauen nicht berufstätig sind, wird u. U. auf den Ausbildungsstand zurückgegriffen.

Der eindeutige Hinweis für die Bevorzugung einer sozialen Schicht ergibt sich lediglich bei Suizidversuchen für die Unterschicht (Kreitman 1986).

Arbeitsstand

Es besteht ein sicherer Zusammenhang zwischen Arbeitslosigkeit und Suizid bzw. Suizidversuch (Platt 1984).

Jahreszeitliche Schwankungen

Seit langem ist bekannt, daß sich Suizide im allgemeinen im Frühling und Sommer häufen, wofür aber keine stichhaltigen Erklärungen vorliegen. Die saisonale Variation gibt es sowohl in den Ländern der nördlichen als auch in denen der südlichen Hemisphäre. Diese saisonalen Schwankungen finden sich auch bei Depressiven (Maes et al. 1993).

Stadt-Land-Unterschiede

Es finden sich in vielen Ländern hohe Suizidraten in städtischen und niedrige in den ländlichen Gebieten. Hingegen sind in den Staaten der ehemaligen Sowjetunion die Suizidraten in ländlichen Gebieten wesentlich höher als in den städtischen Gebieten (Värnik und Wasserman 1992).

Religionszugehörigkeit
Vor allem in den katholischen Ländern werden niedrige Suizid-raten/Suizidversuchsraten gefunden. In Europa verläuft der Hauptgradient der Suizidraten vom protestantischen Norden zum stärker katholischen Süden.

Werden Daten analysiert, welche innerhalb eines Landes unter angemessener Berücksichtigung des Grades der Verstädterung und der sozialen Schichtung gewonnen wurden, bleiben nur geringfügige Unterschiede zwischen katholischen und protestantischen Gegenden übrig. Diese werden dann im allgemeinen der stärkeren sozialen Kohäsion katholischer Gemeinden zugeschrieben (Kreitman 1986).

5. Säkulare Trends

Säkulare Trends ermöglichen die Isolierung von historischen, zumeist politisch-gesellschaftlichen Ereignissen, die Einfluß nehmen können auf Suizid- und Suizidversuchsraten.

Zunächst einmal ist festzustellen, daß, soweit bekannt, die Suizidraten im Gegensatz zu den Suizidversuchsraten erstaunlich konstant sind. Dies gilt zum Beispiel für das Deutsche Reich und seine Nachfolgestaaten, der DDR und der Bundesrepublik (Wedler 1992), sowie für England und Wales, aber auch für die meisten anderen europäischen Staaten (Kreitman 1986).

In allen europäischen Ländern findet sich allerdings ein deutliches Absinken der Suizidziffern während Kriegszeiten, wobei der wesentliche Abfall der Suizidraten in den Kriegsbeginn fällt mit stetigem Anstieg bis zum Kriegsende. Dieser Effekt zeigt sich sowohl bei Männern als auch bei Frauen. Ähnliche Muster wurden auch aus neutralen Ländern wie der Schweiz berichtet (Kreitman 1986).

Ein deutliches Abweichen von der Konstanz der Suizidraten wurde in den 60er Jahren in England beobachtet. Suizid mit

Hausgas verschwand nahezu nach einer Dekade, in welcher sein CO-Gehalt stetig gesenkt wurde. Ein kompensatorisch wachsender Gebrauch anderer Suizidmethoden war nicht festzustellen. Es zeigte sich eine deutliche Abnahme der Suizidraten bei beiden Geschlechtern. Als nach 1971 die Entgiftung abgeschlossen war, schien kein weiteres Ziel mehr erreichbar, und die Suizidraten folgten erneut dem Aufwärtstrend früherer Dekaden (Kreitman 1976).

In den USA weisen Staaten mit vergleichsweise strengerer gesetzlicher Kontrolle von Handfeuerwaffen, der häufigsten Suizidmethode in den USA, eine niedrigere Rate an Suiziden mit einer solchen Technik auf. Trotz einer geringfügigen kompensatorischen Häufung der Raten für Suizide durch andere Techniken waren die Suizidraten insgesamt niedriger (Lester und Murrell 1982).

Die Beobachtung säkularer Trends in verschiedenen Ländern und Gesellschaften gibt uns die Möglichkeit, vor allem soziologische Hypothesen zu verwerfen oder zu stützen. Dies soll am Beispiel säkularer Trends von Suizidraten in den nordischen Ländern deutlich gemacht werden (Retterstøl 1992).

Die nordischen Länder eignen sich besonders für solche Untersuchungen, weil solide Dokumentation und Statistik, u. a. von Suizidraten, seit 1880 existieren. Zum anderen sind Dänemark, Norwegen, Schweden, Island und Finnland ethnisch, sprachlich, kulturell, religiös und hinsichtlich sozialer Faktoren sehr ähnlich, weisen aber ganz unterschiedliche Suizidraten auf.

1991 wurden 5003 Suizide in den nordischen Ländern registriert, davon 1378 in Dänemark, 1402 in Finnland, 22 in Island, 660 in Norwegen und 1541 in Schweden. Die Suizidraten, gemessen an der Gesamtbevölkerung, sind definitiv höher in Finnland und Dänemark, niedriger in Norwegen und Island, während Schweden eine mittlere Position einnimmt. Diese Rangreihe läßt sich zurückverfolgen bis in das 19. Jahrhundert: Schweden nahm zwischen 1830 und 1850 eine mittlere Position mit 6 pro 100 000 Einwohnern ein und stand den großen europäischen Staaten Frankreich und Preußen sehr nahe.

Wenn der Blick auf den Zeitraum von 1960 bis 1990 gerichtet wird, behalten Dänemark und Finnland ihre führende Position, wohingegen Norwegen eine massive Zunahme von Suiziden in der Altersgruppe von 15–29 Jahren aufweist. Innerhalb der nordischen Region hat Grönland eine extrem hohe Suizidrate, besonders in den jüngeren Altersgruppen, während die Faröer-Inseln eine sehr niedrige Suizidrate aufweisen. Grönland, ein Teil Dänemarks, zeigt hierbei seit 1890 ein rasantes Ansteigen der Suizidraten der jüngeren Altersgruppen. Die Faröer-Inseln, ebenfalls ein Teil Dänemarks, die zu Wikingerzeiten von norwegischen Emigranten besiedelt wurden, wiesen bis 1970 eine sehr geringe Suizidrate auf, welche sich allerdings in den letzten beiden Jahrzehnten verdoppelt hat. Schließlich findet sich in Finnland ein Überwiegen der Männer mit 4 : 1, wohingegen in Norwegen eine 3 : 1 -, in Schweden 2,4 : 1 - und in Dänemark 1,7 : 1-Relation Männer zu Frauen herrscht. Weiterhin zeigte sich ein Anwachsen der Suizidraten vor allem in den ländlichen Bereichen, weniger in den Großstädten.

Retterstøl (1992) versucht, anhand sogenannter „Lebensbedingungsstudien", welche in Dänemark, Finnland, Norwegen und Schweden durchgeführt worden sind und welche soziale Beziehungen, Arbeits- und Beschäftigungsfaktoren, Freizeitaktivitäten und soziales Engagement empirisch untersuchten, Hypothesen für die unterschiedlichen Suizidziffern zu formulieren.

Die höheren Suizidziffern in Dänemark gegenüber Norwegen könnten an einer niedrigeren sozialen Integration in Dänemark liegen. Weiterhin werden in Norwegen weniger Alkoholkonsum, weniger Scheidungen, weniger Kriminalität allgemein und speziell weniger Morde beobachtet. Das Ansteigen der Suizidraten in Norwegen, besonders bei jungen Männern, könnte mit einer Abnahme der sozialen Integration dieser Gruppe einhergehen.

Die höhere Suizidrate von Männern in Finnland gegenüber den anderen nordischen Ländern wird mit einer vornehmlich maskulinen Kultur erklärt, welche „Weichheit" nicht zuläßt.

Eine höhere Suizidrate von Frauen in Dänemark wird hingegen mit einer schlechteren sozialen Integration der Frauen, vor allem in mittlerem Lebensalter, begründet.

Die alarmierende Zunahme von Suiziden in Grönland könnte mit dem Wandel von einer primitiven Fischer- und Jägergesellschaft in eine moderne Industriegesellschaft innerhalb von 40 Jahren, d. h. nach der Abschaffung des Kolonialstatus 1953, erklärt werden. Der schnelle Wechsel der Lebensbedingungen in Grönland führte auch zu einer massiven Zunahme des Alkoholkonsums, von Promiskuität, Geschlechtskrankheiten und Gewalt.

Die Situation auf den Faröer-Inseln ist der von Grönland genau entgegengesetzt. Es handelt sich um eine stabile nordische Kultur, die zurückreicht bis in die Wikingerzeit, als Norweger dorthin emigrierten, eine agrarische und Jägerkultur mit stabilen religiösen, sprachlichen und kulturellen Traditionen. Aber auch hier hat sich die Suizidrate im letzten Jahrzehnt verdoppelt.

6. Migrationsstudien

Nordamerika als Einwanderungsland eignete sich besonders für die Beobachtung von Suizidraten von Immigranten, die aus verschiedenen Kulturkreisen, vor allem Japan und anderen ostasiatischen Staaten kamen. Es zeigte sich eine deutliche Zunahme der Suizidraten japanischer Immigranten auf Hawaii. Die erste Generation von Immigranten war noch sehr dem traditionellen Denken verhaftet, hatte große Sprachprobleme und Statuskonflikte. Im Laufe der nächsten Generationen sank die Rate der Suizide, vor allem in den jüngeren Generationen, glich sich dem westlichen Muster an, ohne jedoch an die vergleichsweise niedrigen Suizidraten im Alter der einheimischen und weißen Bevölkerung auf Hawaii heranzukommen (Kato 1969).

Eine bemerkenswerte Ergänzung zu den Migrationsstudien ist die Veränderung der Suizidraten nach dem Zweiten Weltkrieg in Japan selbst. Japan, stets mit hohen Suizidziffern belastet, wies vor dem Zweiten Weltkrieg ein sehr typisches Suizidmuster auf: Da sich die älteren Menschen in Japan besonderer Wertschätzung erfreuten, waren die Suizidraten Älterer relativ niedrig gegenüber den Jungen, auf denen der akute soziale Streß einer extrem leistungsorientierten Gesellschaft lag. Nach dem Zweiten Weltkrieg veränderte die amerikanische Besatzung das Sozialgefüge Japans durchgreifend, und viele tradierte Institutionen verloren ihre Wirksamkeit. Das Muster der Suizidraten näherte sich dem nordamerikanischen Muster an, d.h., die Suizidraten der älteren Männer nahmen ebenso wie die der Frauen zu (Kato 1969).

V. Klinik

Der Vorteil klinischer Studien gegenüber epidemiologischen Studien besteht in der Möglichkeit einer direkten oder zumindestens intensiveren Untersuchung der Betroffenen. Z.B. können die Suizidenten während eines stationären Aufenthaltes zu ihrer Lebensgeschichte ausführlich befragt und körperliche Untersuchungsbefunde erhoben werden. Bei Personen nach vollendetem Suizid wird mit Hilfe unterschiedlicher Informationsquellen, wie z.B. Krankenakten von früheren stationären Aufenthalten, Befragung von Angehörigen, von behandelnden Ärzten und Psychotherapeuten, ein genaueres Bild über den Suizidenten und die Entstehungsbedingungen des Suizides entworfen. Man nennt dieses Vorgehen in der Fachsprache der Suizidologie auch „psychologische Autopsie".

Psychologische Autopsie-Studien sind aus leicht nachvollziehbaren Gründen sehr aufwendig. Dennoch gibt es mittlerweile sieben Studien, und zwar aus St. Louis/USA (Robins et al. 1959), Seattle (Dorpat und Ripley 1960), London (Barraclough et al. 1974), Brisbane (Chynoweth et al. 1980), San Diego (Rich et al. 1988), Budapest (Arató et al. 1988) und Finnland (Henriksson et al. 1993) mit ähnlichen Ergebnissen, wie wir noch sehen werden.

Der Nachteil klinischer Studien gegenüber epidemiologischen Studien liegt in der womöglich fehlenden Repräsentativität, d.h., es handelt sich um eine Auswahl von Patienten, die nicht mit dem Gesamtbild aller Personen mit Suizid oder Suizidversuch übereinstimmt.

In diesem Kapitel wird zunächst auf das präsuizidale Syndrom eingegangen, dann die Beziehung von Suizidalität zu Depression und Aggression sowie zu anderen psychiatrischen Störungen erörtert, um schließlich Verläufe und Prädiktoren (Vorhersager) für suizidales Verhalten zu beschreiben. Zum Schluß dieses Kapitels werden dann mit dem uns jetzt zur Verfügung stehenden Wissen – noch einmal – Unterschiede und Gemeinsamkeiten von Personen mit Suizid und Suizidversuch dargestellt.

1. Das präsuizidale Syndrom

Erwin Ringel untersuchte in den frühen 50er Jahren 745 Patienten nach einem Suizidversuch, wobei er den Schwerpunkt auf die direkt dem Suizidversuch vorangegangene Phase legte. Die Ergebnisse sind in dem Buch „Der Selbstmord. Abschluß einer krankhaften psychischen Entwicklung" (1953) festgehalten. Ringel fand Einengung, verstärkte und gleichzeitig gehemmte Aggression sowie Flucht in die Irrealität bei der Mehrzahl der untersuchten Patienten so im Vordergrund stehend, daß er diese Charakteristika zum „präsuizidalen Syndrom" zusammenfaßte.

Die *Einengung* wird Ringel zufolge im Alter deutlicher. Sie zeigt sich im Verlust von expansiven Fähigkeiten. Aus Angst werden viele Dinge nicht angestrebt oder links liegengelassen. Einzelne Lebensbereiche, wie etwa Familie, Beruf, Freundeskreis, werden dann von dem Betreffenden aufgegeben. Der Patient bewegt sich im Kreis, er hat immer die gleichen Gedanken wie „ich bin nichts wert", begibt sich immer in die gleichen Situationen, wie z.B. in Abhängigkeitsverhältnisse, und strebt immer wieder Beziehungen an, die zum Scheitern verurteilt sind, wie z.B. Eingehen von Liebesbeziehungen mit verheirateten Partnern. Es kommt so zu einer Stagnation, die schließlich in eine Regression mündet: Die Erinnerung dominiert, die Zukunft spielt keine Rolle mehr, auf sie wird nicht gesetzt. Wünsche nach Geborgenheit und Sicherheit überwiegen. Eine neue Partnerschaft wird aus Angst vor Enttäuschung nicht mehr angestrebt. Zwangsläufig führt dies zu einer zunehmenden Vereinsamung des Patienten.

Die *Aggression* des Patienten ist nach Ringel eine vorwiegend gehemmte, d.h., der Ausbruch der Aggression wird nicht gestattet, obwohl das Bedürfnis dazu sehr wohl vorhanden ist. Die Patienten können sich nicht Luft machen, fressen alles in sich hinein, halten eine quälende Situation, wie z.B. die Untreue des Lebenspartners, unerträglich lange aus. Die Entladung der Aggression erfolgt dann oft durch eine relativ geringfügige auslösende Ursache.

Das präsuizidale Syndrom wird schließlich vervollständigt durch die Flucht des Patienten in die *Irrealität*. Das Phantasieleben überwiegt gegenüber der Orientierung an der Realität. Die Betreffenden bauen sich eine Scheinwelt auf. Diese Scheinwelt zeichnet sich einmal durch das Phantasieren des Gegenteils aus. Der Arme ist reich, der Kleine groß, der Entrechtete ein Herrscher, der Gefangene frei, der Erfolglose erfolgreich etc. Zum andern wird die Phantasie immer bedeutsamer für das Erleben und bekommt immer mehr Wirklichkeitscharakter, d.h., der Betreffende sieht für sich immer weniger einen Ausweg aus einer für ihn aussichtslos erscheinenden Situation. Schließlich drängen die phantasierten Inhalte, z.B. Suizidgedanken, zur Verwirklichung, d.h. zum Suizidversuch oder Suizid.

Dabei phantasiert sich der Patient schon als tot, aber er kann sich im Tode noch beobachten, betrachten, zusehen, d.h., die Patienten erleben sich in ihrer Phantasie auch nach dem Tode im Stadium des Totseins als lebendig, und zwar als körperlich lebendig. Das ist, wie Ringel schreibt, der Gipfel der durch die Phantasie bewirkten Selbsttäuschung, eben die Flucht in die Irrealität: „So kann er dann – wobei das Verständnis dafür, daß dies nur in der Phantasie möglich ist, aufgehoben erscheint – erleben, wie er auf der Bahre liegt. So kann er sein eigenes Begräbnis beobachten. Er kann lesen, wie in allen Zeitungen sein Name steht. Er kann sehen und empfinden, wie heftige Reue die Angehörigen überfällt, wie sie sich wegen ihrer falschen Haltung ihm gegenüber selbst anklagen und Vorwürfe machen. Diese werden ihn um Verzeihung bitten, und er wird großzügig Verzeihung gewähren oder aber sich unbarmherzig an der Verzweiflung weiden und erst recht seine Argumente ihnen stumm an den Kopf werfen."

Das präsuizidale Syndrom sollte allerdings durch weitere Charakteristika ergänzt werden.

Das präsuizidale Syndrom suggeriert in jedem Falle eine gewisse Abwägung, Entscheidung, Reflexion des Suizidenten. Die meisten Suizidhandlungen sind jedoch zuallererst *Impulshandlungen*, wobei der momentane seelische Schmerz nicht ausgehalten werden kann. Ettlinger und Flordh (1955) fanden bei

500 Suizidversuchen, daß nur 4% sorgfältig geplant, aber nur 7% mehr oder weniger harmlos waren. Wie wir später sehen werden, wird der Impulscharakter noch verstärkt durch die Einnahme von vor allem Alkohol, aber auch Medikamenten und Drogen, welche die Kontrollfunktionen des Ichs, d.h. Selbstreflexion, Kritikfähigkeit, Voraussicht, Abwägen von Entscheidungen, herabsetzt. Nicht selten findet man selbst bei schon lange und sorgfältig geplanten Suizidarrangements die Suizidhandlung als impulsiv, nicht gut geplant, z.B. viele Messerstiche, die einzeln für sich keine tödliche Wirkung zeigen würden.

Die meisten Suizidhandlungen sind von der Angst vor der Überschreitung der Schwelle hin zum Tode geprägt. Am deutlichsten wird dies bei Suizidversuchen, die einen offenen Ausgang hin zum Tode oder zum Überleben lassen, d.h., der Wunsch nach einem sog. *Gottesurteil* steht hier im Vordergrund (Stengel 1964). Zu diesem Verhalten gehört sicherlich auch ein Teil der Suizidversuche von Drogenabhängigen mit Dosierungen von Heroin, die nahe oder knapp über der tödlichen Dosis liegen.

Suizidversuche als Impulshandlungen und als Gottesurteil zeigen somit auch die *Ambivalenz* des Suizidenten hinsichtlich seines *Wunsches* zu sterben. Nur in den allerseltensten Fällen ist die Suizidabsicht so eindeutig und endgültig, daß man nicht mehr von einer solchen Ambivalenz sprechen kann. Ringel (1953), Stengel und Cook (1958) und Linden (1969) berichten übereinstimmend, daß die Suizidabsicht bei 68–80% der Patienten in weniger als zwei Tagen, bei 90–99% in weniger als zehn Tagen in der Klinik korrigiert wurde.

2. Depression und Aggression

In der Beschreibung des präsuizidalen Syndroms von Ringel waren Depression und Aggression direkt und indirekt angeklungen. Beide Affekte sowie deren pathologische Ausprägungen im Sinne von Störung oder Krankheit sollen wegen ihrer zentralen Bedeutung zum Verständnis und zum Erkennen von suizidalem Verhalten hier gesondert betrachtet werden.

Depression

Depression bzw. depressive Störung/Erkrankung läßt sich hierbei wesentlich leichter definieren als Aggression und pathologische Formen von Aggression.

Eine depressive Störung ist gekennzeichnet durch eine länger anhaltende (mindestens zwei Wochen) depressive Verstimmung oder Freudlosigkeit sowie eine Anzahl von Symptomen, die diese depressive Stimmung oder Freudlosigkeit begleiten. Solche Symptome können sein: Appetitmangel oder deutlicher Gewichtsverlust oder Gewichtsabnahme ohne Diät, Schlaflosigkeit oder vermehrter Schlaf, psychomotorische Unruhe (z.B. unruhiges Umherlaufen) oder psychomotorische Hemmung (z.B. langsames Sichbewegen), Müdigkeit oder Energieverlust, Gefühl der Wertlosigkeit oder exzessive oder unangemessene Schuldgefühle, verminderte Denk- oder Konzentrationsfähigkeit oder Entscheidungsunfähigkeit sowie wiederkehrende Gedanken an den Tod, wiederkehrende Suizidideen ohne einen genauen Plan oder ein Suizidversuch oder ein genauer Plan für einen Suizidversuch (American Psychiatric Association 1987). Die mittlerweile fragwürdig gewordene Unterteilung der depressiven Störungen in neurotisch-reaktiv und endogen kann hierbei außer acht gelassen werden.

Die enge Verknüpfung von Depression und Suizidalität schlug sich auch in sämtlichen weltweiten psychiatrischen Klassifikationssystemen nieder, welche Suizidalität nicht als eigenständige psychische Störung ansahen, sondern als *ein* Symptom einer depressiven Störung.

Sigmund Freud verfaßte eine der ersten psychologischen Theorien über die Entstehung von suizidalem Verhalten in seiner Arbeit „Trauer und Melancholie" (1917). Für Freud war die Psychodynamik von suizidalem Verhalten und Depression nicht verschieden, d.h., suizidales Verhalten und Depression sind anzusehen als eine Wendung der Aggression gegen das eigene Ich und eine ambivalente Einstellung gegenüber den Objekten (d.h. anderen Personen). Die Wendung der Aggression gegen das eigene Ich ist ausgedrückt durch Schuldgefühle,

Selbstentwertung und schließlich in letzter Konsequenz Selbsttötung.

Bei Aaron Beck (1967), dem Vertreter der kognitiven Verhaltenstherapie, ist suizidales Verhalten eng mit Depression und mit den damit zugrundeliegenden verzerrten Denkschemata verbunden, d. h., der Depressive sieht sich, die Welt und die Zukunft negativ bis hin zur Hoffnungslosigkeit, so daß ihm schließlich nur noch der Suizid als Lösung übrigbleibt.

Für die klinische Bedeutung von depressiven Störungen spricht auch die Tatsache, daß bei Langzeituntersuchungen etwa 15% aller depressiven Patienten an Suizid versterben (Miles 1977). In den sog. psychologischen Autopsie-Studien wurden retrospektiv in 40–50% der Verstorbenen ausgeprägte depressive Verstimmungen festgestellt. Auch bei Patienten vor und nach Suizidversuch finden sich häufig ausgeprägte depressive Verstimmungen (Urwin und Gibbons 1979; Newson-Smith und Hirsch 1979). Depressive Symptome zeigen sich nahezu immer gleichzeitig mit Suizidideen und Suizidversuchen (Angst et al. 1992). Auf der anderen Seite berichtet ein Großteil der Depressiven niemals von Suizidideen oder gar Suizidversuchen während und außerhalb ihrer depressiven Episoden (Bronisch und Wittchen 1994).

Empirische Studien, seien sie psychologischer Art (Bronisch 1992 b) oder biologischer Art (van Praag 1986), konnten allerdings keinen sicheren entstehungsgeschichtlichen oder sogar ursächlichen Zusammenhang zwischen Depression und suizidalem Verhalten finden. Depressive Symptome und depressive Störungen können daher sozusagen nur als Spurensucher für Suizidalität dienen.

Aggression
Wie schon in der Theorie von Freud festgehalten, scheint eine enge Verbindung zwischen Suizidalität und Aggressivität zu bestehen.

Nach Janke (1992) ist Aggression die beabsichtigte oder tatsächliche Zufügung von Reizen, die einem anderen Subjekt oder einem Objekt Schaden oder Schmerzen zufügen. In der neueren Psychologie wird der Aspekt der Beabsichtigung, also die Intention, als entscheidendes Merkmal für die Definition von Aggression gesehen. Archer und Browne (1989) charakterisieren Aggression in einem vektoriellen Schema mit den drei Komponenten Affekt *(anger)*, Verhalten *(injurious)* und Absicht *(intent)*. Eng verknüpft mit Aggressivität sind Impulsivität, Reizbarkeit und natürlich Feindseligkeit – Begriffe, die in der wissenschaftlichen Literatur immer wieder aufgeführt werden.

Aggressivität und Impulsivität, Reizbarkeit und Feindseligkeit, die der Aggressivität nahestehen, sind eine wichtige Determinante suizidalen Verhaltens und damit auch des Erkennens von suizidalem Verhalten (Weissman et al. 1973). Im Gegensatz jedoch zu Freuds Theorie ist es nicht nur die nach innen, gegen das eigene Ich gerichtete Aggressivität, sondern vor allem auch die nach außen gerichtete Aggressivität: Angst und Clayton (1986) konnten in einer prospektiven Studie, d.h. bei der Untersuchung von Probanden einer repräsentativen schweizerischen Normalbevölkerungsstichprobe, nach 20 Jahren feststellen, daß diejenigen, die einen Suizidversuch in der Zwischenzeit begangen hatten, hohe Werte auf einer Aggressivitätsskala aufwiesen gegenüber den gesund Gebliebenen und Probanden, die trotz Entwicklung einer Depression keinen Suizidversuch unternommen hatten.

3. Andere psychiatrische Störungen

Grundsätzlich zeigen alle Personen mit psychiatrischen Störungen eine wesentlich höhere Suizid- und Suizidversuchsrate als Personen ohne psychiatrische Störungen.

In diesem Kapitel wird auf psychiatrische Störungen eingegangen, die eine besonders hohe Suizid- und/oder Suizidversuchsrate aufweisen. Es handelt sich in erster Linie um Patienten mit einer depressiven Störung und, wie schon erwähnt, einer Suchterkrankung. Die schizophrenen Patienten weisen eine niedrigere Suizid- und Suizidversuchsrate auf als die Depressiven und Suchtkranken, aber immer noch eine sehr hohe Rate im Vergleich zur Normalbevölkerung. In letzter Zeit mehren sich die Arbeiten, die gehäuft Suizide und Suizidversuche bei Patienten mit Panikattacken beobachtet haben. Eine deutlich erhöhte Rate von Suizidversuchen und Suiziden wird bei Patienten mit einer Persönlichkeitsstörung beobachtet. Weiterhin weist eine Reihe von nicht-psychiatrischen, körperlichen Erkrankungen eine *leicht* erhöhte Suizid- und Suizidversuchsrate auf. Hierzu gehören im neurologischen Bereich die Epileptiker, im internistischen Bereich Diabetiker, Dialysepflichtige, Tumorpatienten und Aidskranke.

In den psychologischen Autopsie-Studien wurde retrospektiv bei 86–100% der nach Suizid Verstorbenen eine psychiatrische Diagnose gestellt.

Im Rahmen dieses Kapitels wird auf die oben erwähnten psychiatrischen Störungen näher eingegangen, die für die Erkennung, Einschätzung und Vorhersage (Prädiktion) suizidalen Verhaltens von besonderer Bedeutung sind.

Suchterkrankungen

Grundsätzlich werden drei Formen von Suchterkankungen unterschieden: Alkoholabhängigkeit, Medikamentenabhängigkeit und Drogenabhängigkeit. Prototyp der Suchterkrankungen ist die Alkoholabhängigkeit, deren Definition hier exemplarisch für die anderen Suchterkrankungen ausführlicher beschrieben wird.

Nach Feuerlein (1989) ist die Alkoholabhängigkeit wie folgt definiert:

1. Es liegt ein abnormes bzw. pathologisches Trinkverhalten nach Menge und Modalität des Alkoholkonsums vor. Pathologisches Trinkverhalten beinhaltet eine Menge von über 150 ml reinen Alkohols pro Tag (entspricht ca. 2 Flaschen Wein oder 5 l Bier/Tag) bei Männern und 120 ml bei Frauen mindestens über einige Monate. Unter der pathologischen Modalität des Trinkverhaltens versteht man z.B. einen Trinkbeginn am Morgen.

2. Es existieren somatische alkoholbezogene Schäden, wie z.B. eine alkoholtoxische Fettleber, Bauchspeicheldrüsenschädigung oder eine Polyneuropathie.

3. Es bestehen psychosoziale alkoholbezogene Schäden, wie z.B. Arbeitsplatzverlust, Trennung und Scheidung.

4. Es kommt zur Entwicklung von Toleranz und einem Entzugssyndrom (körperliche Abhängigkeit). Die Toleranz zeigt sich darin, daß der Patient mit immer größeren Mengen des Suchtmittels dieselbe Wirkung erzielt (z. B. einen Rausch). Ein Entzugssyndrom ist gekennzeichnet durch Zittern, Schwitzen, Unruhe und schließlich das Vollbild eines Delirs mit optischen Halluzinationen (Sinnestäuschungen), Desorientiertheit und Suggestibilität.

5. Es bestehen Entzugssymptome auf der subjektiven Ebene (psychische Abhängigkeit): Kontrollverlust, d.h. Trinken bis zur Bewußtlosigkeit, gesteigertes Verlangen nach Alkohol, Zentrierung des Denkens und Strebens nach Alkohol.

Diese für die Alkoholabhängigkeit gegebene Definition ist vollständig übertragbar auf Medikamentenabhängigkeit. Bei der Drogenabhängigkeit liegt eine stärkere Suchtpotenz der Drogen (z.B. Heroin, Kokain, Amphetamin) vor sowie von seiten des Konsumenten ein wesentlich jüngeres Erkrankungsalter, nämlich die Zeit der Pubertät, während Alkohol- und Medikamentenabhängigkeit erst zwischen dem 20. und 30. bzw. 30. und 40. Lebensjahr manifest werden.

Die Suizidrate von stationär behandelten Alkoholikern aus Langzeituntersuchungen ist vergleichbar mit der Suizidrate von Depressiven mit 15 % (Miles 1977). Allerdings dürfte das Lebenszeitrisiko für Suizid bei 2 bis 3,4 % für behandelte und unbehandelte Alkoholiker liegen (Murphy und Wetzel 1990). Alkoholiker mit Suizidversuchen haben aber ein (noch) höheres Risiko, einen erneuten Suizidversuch zu unternehmen, als Patienten mit Suizidversuchen ohne Alkoholabhängigkeit (Hawton et al. 1989). Auch bei Drogenabhängigen finden sich hohe Suizidraten. Allerdings ist es oft schwierig, zwischen absichtlicher und unabsichtlicher Überdosierung von Drogen zu unterscheiden. Man rechnet etwa mit 18 % Suiziden bei Drogentoten nach Aussagen des Bundeskriminalamtes (Schmidtke und Weinacker 1994).

In den psychologischen Autopsie-Studien wurde retrospektiv in durchschnittlich 40 % der Verstorbenen die Diagnose einer Suchterkrankung gestellt.

Suizidalität bei Suchterkrankungen ist eng verknüpft mit Depressivität, d. h., Suchtkranke, die suizidal werden, leiden sehr häufig gleichzeitig unter einer Depression. Auch bei Suchterkrankungen kann die Depression also als Spurensucher für Suizidalität dienen (Bronisch 1992 b).

Die häufig zu beobachtenden depressiven Verstimmungen während des Entzuges scheinen Alkoholiker zu Suizidhandlungen zu prädisponieren. Unter erhöhtem Alkoholspiegel, vermehrter Einnahme von Medikamenten und Drogen kann es zu einer Enthemmung mit unvorhersehbaren aggressiven Handlungen kommen mit Abreaktion aufgestauter Gefühle, wie Wut, Aggression, Hyperaktivität (Mayfield und Montgomery 1972).

Weiterhin werden immer wieder Suizidhandlungen bei Horrortrips beobachtet. Schließlich führt langfristige Rauschmitteleinnahme zu Persönlichkeitsveränderungen, Verlust von sozialen Beziehungen und sozialem Abstieg, welche zur Suizidhandlung disponieren. In diese Richtung weisen auch empirische Studien, die zeigen, daß im Gegensatz zu depressiven Störungen gehäuft im Spätstadium der Suchterkrankung, d. h. nach 20–30 Jahren, der Suizid folgt (Miles 1977). Insbesondere der Verlust von nahen Angehörigen scheint dabei eine bedeutsame Rolle zu spielen (Murphy et al. 1979).

Schizophrenie
Das Suizidrisiko von schizophrenen Patienten wird auf 5–10% geschätzt (Mundt 1984). In den psychologischen Autopsie-Studien wurde retrospektiv bei 2–13% der Verstorbenen die Diagnose einer Schizophrenie gestellt.

Unter Schizophrenie wird folgendes Krankheitsbild verstanden:

Es handelt sich um eine psychische Störung/Erkrankung, die durch einen hohen Grad von Realitätsverlust gekennzeichnet ist. Der Realitätsverlust äußert sich in Symptomen wie Wahn, Halluzinationen, Denkstörung, einer abnormen Psychomotorik und einem abnormen Affekt (American Psychiatric Association 1987).

Unter Halluzinationen versteht man Sinnestäuschungen, die in sämtlichen Sinnesbereichen (Hörsinn – akustisch, Gesichtssinn – optisch, Tastsinn – haptisch, Geruchssinn – olfaktorisch und Geschmackssinn – gustatorisch) auftreten können. Bevorzugt sind es akustische Halluzinationen mit Stimmenhören bei den Schizophrenien, während bei organisch bedingten Psychosen (z. B. bei einem Delir) optische Halluzinationen überwiegen. Unter Wahn versteht man eine falsche persönliche Überzeugung aufgrund unrichtiger Schlußfolgerungen über die Realität. Diese wird fest beibehalten trotz abweichender Ansichten fast aller anderen Personen und trotz aller unwiderlegbaren und klaren Beweise des Gegenteils. Diese Überzeugung wird nicht von den Angehörigen derselben Kultur oder Subkultur des Betreffenden geteilt (z. B. Verfolgungswahn oder Größenwahn). Die Denkstörung ist dadurch gekennzeichnet, daß die logische Verknüpfung zwischen den Sätzen aufgelockert wird oder schließlich gar nicht mehr existiert, so daß der Inhalt des Gesagten nicht mehr verstanden werden kann (Zerfahrenheit). Eine abnorme Psychomotorik zeigt sich entweder in einer (fast) vollständigen Bewegungsstarre (Stupor) oder einem Bewegungssturm (Raptus). Der Zustand mit Stupor oder Raptus wird auch Katatonie genannt. Mit abnormem Affekt ist ein abnormes Gefühlsleben gemeint. Das Gefühlsleben des Schizophrenen kann flach oder inadäquat sein, d. h. nicht zur Situation passend.

Die einzelnen Symptome müssen nicht alle vorhanden sein und können auch nacheinander auftreten. Während der Erkankung sinkt die Leistung in Bereichen wie Arbeit, soziale Beziehungen und Selbständigkeit beträchtlich unter das Niveau, das vor der Störung erreicht wurde. Der Verlauf kann auf eine einzelne Episode beschränkt bleiben, wellenförmig, chronisch stabil oder fortschreitend sein.

In psychiatrischen Kliniken werden von Schizophrenen die meisten Suizide unternommen. Seit etwa drei bis vier Jahrzehnten ist eine Zunahme der Kliniksuizide überhaupt und der schizophrenen Patienten insbesondere zu verzeichnen (Wolfersdorf 1989).

Beim schizophrenen Patienten, der einen Suizid begeht, handelt es sich überwiegend um einen jüngeren Mann, meist von gutem Ausbildungsstand. Die suizidale Handlung geschieht häufig im Rahmen der zweiten bis fünften stationären Therapie, wobei das Intervall zwischen letzter Entlassung und Wiederaufnahme sehr kurz ist. D. h., die Patienten haben im Laufe ihrer Erkrankung schon eine Reihe von Rückfällen erleben müssen. Daher zeigen diese Patienten gehäuft Hoffnungslosigkeit und Resignation, Angst, Verzweiflung und Panik, innere Unruhe und Getriebenheit (Wolfersdorf 1989).

Als Ursache der Zunahme von Kliniksuiziden wird vor allem eine forcierte Rehabilitation schizophrener Patienten mit häufigen Wiederaufnahmen genannt. Dadurch komme es zu einem Verlust der positiven Seiten einer fürsorglich-beschützenden Behandlung zugunsten des Versuches einer Leistungssteigerung und Verselbständigung. Sicherheit, Struktur und Heimat der psychiatrischen Klinik sind verlorengegangen. Auf der anderen Seite wird auch die Umbruchsituation in der Psychiatrie selbst mit ihren neuen theoretischen und therapeutischen Konzepten, die zu einer starken Verunsicherung von Therapeut und Patient geführt haben, verantwortlich gemacht (Wolfersdorf 1989).

Panikattacken

Das Konzept der Panikattacken und das Krankheitsbild der Panikstörung wurde erst Ende der siebziger, Anfang der achtziger Jahre entwickelt.

Unter Panikattacken versteht man abgrenzbare Perioden intensiver Angst oder großen Unbehagens, die
– unerwartet waren, d. h. nicht unmittelbar vor oder in einer fast immer Angst auslösenden Situation auftraten und
– nicht durch Situationen ausgelöst wurden, in denen die Person im Mittelpunkt der Aufmerksamkeit anderer stand.

Wenigstens vier der folgenden Symptome müssen während einer solchen Panikattacke gleichzeitig vorhanden sein: Atemnot oder Beklemmungsgefühle; Benommenheit, Gefühl der Unsicherheit oder Ohnmachtsgefühl; Herzklopfen oder beschleu-

nigter Herzschlag; Zittern oder Beben; Schwitzen; Erstik-
kungsgefühle; Übelkeit oder abdominelle Beschwerden; De-
personalisation (die eigene Person erscheint einem fremd)
oder Derealisation (die Umgebung erscheint einem fremd);
Taubheits- oder Kribbelgefühle, Hitzewallungen oder Kälte-
schauer; Schmerzen oder Unwohlsein in der Brust; Furcht zu
sterben; Furcht, verrückt zu werden, oder Angst vor Kontrollverlust.

Wenn vier Panikattacken innerhalb eines Zeitraumes von
vier Wochen auftreten oder nach einer bzw. mehreren Attacken
mindestens einen Monat lang anhaltende Angst vor einer erneuten Attacke bestand, spricht man von einer Panikstörung
(American Psychiatric Association 1987).

In epidemiologischen (Weissman et al. 1989) und klinischen
Studien (Lepine et al. 1993) der letzten Jahre konnte ein erhöh-
tes Risiko für Suizidversuche von Patienten mit Panikattacken
gegenüber der Normalbevölkerung und gegenüber anderen
psychiatrischen Störungen festgestellt werden. Dies läßt sich
auch aus der klinischen Erfahrung sehr gut nachvollziehen,
denn die Patienten erleben diese Panikattacken als äußerst quä-
lend und beeinträchtigend. Panikattacken treten dabei oftmals
in Zusammenhang mit einer Depression und/oder einer Suchterkrankung bzw. Persönlichkeitsstörung auf (Lepine et al.
1993; Bronisch und Wittchen 1994).

Persönlichkeitsstörungen
Persönlichkeitszüge sind überdauernde Formen des Wahrneh-
mens, der Beziehungsmuster und des Denkens, und zwar jeweils im Hinblick auf die Umwelt und sich selbst. Sie kommen
in einem breiten Spektrum von wichtigen sozialen und persönlichen Situationen und Zusammenhängen zum Ausdruck. Wir
sprechen von Persönlichkeitsstörungen nur dann, wenn *Persönlichkeitszüge* unflexibel und wenig angepaßt sind und die Lei-
stungsfähigkeit wesentlich beeinträchtigen oder zu subjektiven
Beschwerden führen. Persönlichkeitsstörungen lassen sich
meist bereits in der Adoleszenz oder früher erkennen und setzen
sich während des größten Teils des Erwachsenenlebens fort,

obgleich sie sich in den mittleren Jahren oder im Alter oft weniger auffällig manifestieren (American Psychiatric Association 1987).

Folgende Persönlichkeitsstörungen werden grundsätzlich in der psychiatrischen Literatur beschrieben: paranoide, schizoide, schizotypische, depressive, zyklothyme, antisoziale, Borderline-, narzißtische, abhängige, ängstliche, zwanghafte, passiv-aggressive Persönlichkeitsstörungen.

Auf drei Persönlichkeitsstörungen wird hier genauer eingegangen, da sie einem besonders hohen Suizidversuchs- und Suizidrisiko ausgesetzt sind:

Die *antisoziale Persönlichkeitsstörung*: Hierunter wird nicht einfach eine Person beschrieben, die gegen das Gesetz verstößt. Schon vor der Vollendung des 15. Lebensjahres hat der Betroffene z.B. oft die Schule geschwänzt, ist öfters von zu Hause weggelaufen, hat Schlägereien angezettelt, andere Personen zu sexuellem Kontakt gezwungen, vorsätzlich fremdes Eigentum zerstört, Feuer gelegt, häufig gelogen und gestohlen. Wenn einige dieser Merkmale aus der Adoleszenz sich kombinieren mit verantwortungslosem, antisozialem und impulsivem bzw. aggressivem Verhalten im Erwachsenenalter, spricht man in der Psychiatrie von einer antisozialen Persönlichkeitsstörung (American Psychiatric Association 1987).

Von großer Bedeutung ist bei Patienten mit dieser Persönlichkeitsstörung, daß sie Aggression sowohl gegen sich selbst richten im Sinne von Suizidversuchen und Suiziden als auch gegen andere im Sinne von Körperverletzung, Totschlag und Mord (Robins 1974).

Die *Borderline-Persönlichkeitsstörung*: Hierunter werden Personen beschrieben, die ein durchgängiges Muster von Instabilität hinsichtlich des Selbstbildes, der zwischenmenschlichen Beziehungen und der Stimmung aufweisen.

Es besteht ein Muster von instabilen, aber intensiven zwischenmenschlichen Beziehungen, das sich durch einen Wechsel zwischen den beiden Extremen der Überidealisierung und Abwertung auszeichnet. Es tritt Impulsivität bei mindestens zwei potentiell selbstschädigenden Aktivitäten auf, z.B. Geldausgeben, Sexualität, Alkohol-, Medikamenten-, Drogenmißbrauch,

Ladendiebstahl, rücksichtsloses Fahren und Freßanfälle. Weiterhin besteht Instabilität im affektiven Bereich, z.B. ausgeprägte Stimmungsänderungen von der Grundstimmung zur Depression, Reizbarkeit oder Angst, übermäßig starke Wut oder Unfähigkeit, die Wut zu kontrollieren. Eine ausgeprägte und andauernde Identitätsstörung kann vorhanden sein, die sich in Form von Unsicherheit in einzelnen der folgenden Lebensbereiche manifestiert: dem Selbstbild, der sexuellen Orientierung, den langfristigen Zielen oder Berufswünschen, in der Art der Freunde oder Partner oder in den persönlichen Wertvorstellungen. Oftmals bestehen ein chronisches Gefühl der Leere oder Langeweile und ein verzweifeltes Bemühen, ein reales oder imaginäres Alleinsein zu verhindern (American Psychiatric Association 1987).

Patienten mit einer Borderline-Persönlichkeitsstörung neigen dazu, gehäuft Suizidversuche und Suizide zu unternehmen, und/oder sie versuchen, sich selbst zu verstümmeln oder zu schädigen ohne Intention zu sterben, z.B. sich Schnittwunden an den Armen beizubringen (Rohde-Dachser 1979).

Die *narzißtische Persönlichkeitsstörung*: Hierunter werden Personen beschrieben, die ein durchgängiges Muster von Großartigkeit (in Phantasie oder Verhalten), Mangel an Einfühlungsvermögen und Überempfindlichkeit gegenüber der Einschätzung durch andere aufweisen. Sie reagieren auf Kritik mit Wut, Scham oder Demütigung, nutzen zwischenmenschliche Beziehungen aus, um mit Hilfe anderer die eigenen Ziele zu erreichen. Sie zeigen ein übertriebenes Selbstwertgefühl, sind häufig der Ansicht, daß ihre Probleme einzigartig sind und daß sie nur von besonderen Menschen verstanden werden können. Sie beschäftigen sich ständig mit Phantasien grenzenlosen Erfolges, Macht, Glanz, Schönheit oder idealer Liebe. Sie legen ein Anspruchsdenken an den Tag und verlangen nach ständiger Aufmerksamkeit und Bewunderung. Sie zeigen einen Mangel an Einfühlungsvermögen und sind innerlich sehr stark mit Neidgefühlen beschäftigt (American Psychiatric Association 1987).

Diese Patienten sind oftmals sozial sehr angepaßt, bis sie an einem ihrer beruflichen Ziele scheitern oder ihre zwischenmenschlichen Beziehungen aufgrund ihres mangelnden Einfühlungsvermögens oder ihres ausbeuterischen Verhaltens in die Brüche gehen, so daß ihnen nur noch der Suizid als Lösung all ihrer Lebensprobleme übrigzubleiben scheint (Kernberg 1975).

Sucht man nach den Gemeinsamkeiten von antisozialer, Borderline- und narzißtischer Persönlichkeitsstörung, so ergibt sich folgendes: Aggressivität bzw. Impulsivität sind Kennzeichen aller drei Persönlichkeitsstörungen. Mangelndes Selbstwertgefühl, Identitätsprobleme mit den Extremen der Überidealisierung und Abwertung sind typische Charakteristika der Borderline- und narzißtischen Persönlichkeitsstörung.

4. Verläufe

Was geschieht im weiteren zeitlichen Verlauf eigentlich mit den Patienten, die einen Suizidversuch unternommen haben?

Patienten, die nach einem Suizidversuch in eine Klinik aufgenommen wurden, sind zu 50% Patienten, die mindestens schon einmal einen Suizidversuch begangen hatten (Platt et al. 1988). Es gibt eine große Anzahl von Studien, die Patienten nach einem Suizidversuch nachuntersucht haben. Dabei reichen die Zeiträume von wenigen Monaten bis zu über 10 Jahren. Man kann davon ausgehen, daß das Risiko von Patienten, die einmal einen Suizidversuch unternommen haben, einen weiteren Suizidversuch zu unternehmen, außerordentlich hoch ist. Nach diesen Studien begehen zwischen 13 und 35% der Suizidenten in den ersten zwei Jahren erneut einen Suizidversuch. Studien über Patienten nach einem Suizidversuch, die Zeiträume von 5–10 Jahren überblicken, fanden einen Prozentsatz von 6–8% der Patienten, bei Zeiträumen von 10–30 Jahren von 10–13% der Patienten, die sich letztendlich suizidierten (Bronisch 1992 a). Interessanterweise spielt es dabei *keine* Rolle, ob diese Patienten zuvor Suizidversuche mit harten oder weichen Methoden gemacht haben.

Dorpat und Ripley (1967) schätzen den Prozentsatz derjenigen, die sich suizidierten und vorher schon einen Suizidversuch unternommen haben, auf 20%, Kreitman (1986) auf maximal 50%.

Nur wenige Studien haben sich mit dem Verlauf der Symptomatik und der sozialen Adaptation von Suizidenten beschäftigt (Stengel und Cook 1958; Weiss und Scott 1974; Bronisch und Hecht 1992). Die Ergebnisse dieser Studien zeigen, daß die Patienten auch weiterhin im Verlauf der Jahre nach Suizidversuchen gehäuft unter Depressionen leiden, Probleme am Arbeitsplatz haben, sozial isoliert sind, allein leben – gegen ihren Willen – oder mit Partnerschaftsproblemen kämpfen.

5. Risikofaktoren

Einige der Risikofaktoren für Suizid und Suizidversuche haben wir im Kapitel über die Epidemiologie schon kennengelernt. Es sind sowohl für Suizide als auch für Suizidversuche der Personenstand „geschieden", „verwitwet", „ledig", der Arbeitsstand „Arbeitslosigkeit". Für Suizide ist es das männliche Geschlecht, das höhere Lebensalter jenseits des 50. Lebensjahres, für Suizidversuche das weibliche Geschlecht, die jüngeren Altersgruppen, insbesondere die Altersgruppe zwischen 15 und 34 Jahren, und die untere soziale Schicht.

Weitere Risikofaktoren haben wir in diesem Kapitel über die Klinik kennengelernt:

Für Suizidversuche und Suizide sind es in erster Linie psychiatrische Störungen überhaupt. Dabei spielen depressive Störungen und Suchterkrankungen die weitaus größte Rolle. Bei stationär in psychiatrischen Krankenhäusern behandelten Patienten ist es eine schizophrene Störung. Panikattacken bzw. Panikstörungen, oftmals im Verbund mit Depression, Sucht und Persönlichkeitsstörungen, sowie Persönlichkeitsstörungen allein weisen ebenfalls eine hohe Rate von Suizidversuchen und Suiziden auf.

Bemerkenswerterweise ist bei Ärzten und Zahnärzten eine besonders hohe Suizidrate festzustellen (Bämayr und Feuerlein 1984).

Eine noch größere Rolle als soziodemographische Charakteristika und psychiatrische Störungen spielten als Risikofaktor ein stattgehabter Suizidversuch sowie die Suizidmethode (harte Methode).

Weitere Risikofaktoren betreffen psychosoziale Probleme: Verlust einer engen zwischenmenschlichen Beziehung, der erst kurze Zeit zurückliegende Tod eines Angehörigen, ferner eine schlechte gesundheitliche Verfassung und eine familiäre Belastung mit Suizid (Hawton 1987).

Bürk und Möller (1985) stellten in einer Literaturübersicht die Merkmale zusammen, die für eine Wiederholung eines Suizidversuches Risikofaktoren ergaben: ein vorangegangener Suizidversuch, eine vorangegangene psychiatrische Behandlung, eine Suchterkrankung und eine Persönlichkeitsstörung.

Ringel (1969) hat die besonders suizidgefährdeten Personengruppen zusammengefaßt:

Selbstmordgefährdete Personengruppen (nach E. Ringel, 1969)

---

1. Depressive
2. Sonstige Psychotische (insbesondere Schizophrene)
3. Verfolgte aus rassischen, religiösen, sexuellen oder politischen Gründen
4. Flüchtlinge
5. Alkoholiker und andere Süchtige
6. Menschen, die eine kriminelle Handlung begangen haben
7. Chronisch unheilbare Kranke
8. Alte
9. Personen in einer Ehekrise
10. Personen in schwerem sozialen Notstand
11. Personen nach Umzug vom Land in die Stadt
12. Personen, in deren Umgebung vorher ein Selbstmord stattgefunden hatte
13. Personen, die unmittelbar vorher in einen Autounfall verwickelt waren

---

Es ist naheliegend, aufgrund der in wissenschaftlichen Studien herausgefilterten Risikofaktoren für Suizid und Suizidversuch nach sogenannten Prädiktoren (Vorhersagern) für suizidales Verhalten, insbesondere für Suizide, zu suchen. Prädiktoren sind also Merkmale, anhand derer man mit einer gewissen Wahrscheinlichkeit voraussagen kann, daß der Betreffende über kurz oder lang einen Suizidversuch oder einen Suizid begehen wird. Solche Prädiktoren sind natürlich von unschätzbarem Wert für die Prävention von suizidalem Verhalten.

Alle oben erwähnten Risikofaktoren können allein oder in Kombination als Prädiktoren gelten. In Verlaufsstudien hat man nun versucht, die wichtigsten Prädiktoren für Suizide und Suizidversuche herauszufinden, indem man Populationen prospektiv, d.h. von einem bestimmten Zeitpunkt an, über Jahre hinweg, und bevor sich ein Teil dieser Gruppe suizidiert oder einen Suizidversuch unternommen hatte, untersuchte. Im Vergleich der beiden Gruppen sollten sich dann die entsprechenden Merkmale, die beide Gruppen unterscheiden, herauskristallisieren.

Die klassische Studie hierzu mit einer großen Zahl von 4800 Patienten von Pokorny (1983) führte zu einem ernüchternden Ergebnis, das durch eine Reihe anderer Studien bestätigt wurde. Es fand sich zwar eine ganze Anzahl von Merkmalen, die sich signifikant häufiger bei den Patienten mit Suizidversuch oder Suizid fanden als bei den anderen Patienten, es gelang aber nicht, mit den entsprechenden Risikofaktoren die Individuen zu identifizieren, die einen Suizid oder Suizidversuch unternommen hatten. Jeder Versuch endete damit, daß durch einzelne Merkmale oder eine Kombination von Merkmalen entweder eine Reihe von Individuen mit Suizidversuch oder Suizid nicht identifiziert wurde oder umgekehrt viele Individuen, die keinen Suizidversuch oder Suizid begangen hatten, die typischen Merkmale aufwiesen. In der Fachsprache ausgedrückt, war bei diesen Merkmalen oder Merkmalkombinationen eine niedrigere Spezifität (viele falsch negative Individuen) oder eine niedrigere Sensitivität (viele falsch positive Individuen) vorherrschend.

Die Gründe für diese Ergebnisse liegen wahrscheinlich einmal darin begründet, daß die entscheidenden Merkmale bis jetzt

	Suizidversuch	Suizid
Epochaler Trend	Anstieg während der letzten Dekaden? Jetzt stabil	Wird häufiger
Geschlecht	Häufiger bei Frauen	Häufiger bei Männern
Altersgruppe	Meist unter 45	Meist über 45
Personenstand	Höchste Rate bei Geschiedenen und Ledigen	Höchste Rate bei Geschiedenen, Ledigen und Verwitweten
Sozialschicht	Höher in Unterschichten	Kein erkennbarer Gradient
Stadt/Land	Häufiger in Städten	Häufiger in Städten (gewöhnlich)
Erwerbsstatus	Verbunden mit Arbeitslosigkeit	Verbunden mit Arbeitslosigkeit und Berentung
Kriegsauswirkungen	?	Niedriger in Kriegszeiten
Jahreszeitliche Variation	Nicht evident	Frühlingsgipfel
Broken home in der Kindheit	Gewöhnlich	Gewöhnlich
Körperkrankheiten	Keine offenkundige Verknüpfung	Wahrscheinliche Verknüpfung
Psychiatrische Hauptdiagnosen	Situationsreaktion, Depression, Alkoholismus	Affektive Erkrankung, Alkoholismus
Persönlichkeitstyp	Häufig Persönlichkeitsstörung	Kein spezieller Typ

Tabelle 3: Vergleichende Zusammenfassung
von Suizidversuch und Suizid

nicht genau untersucht wurden oder überhaupt noch nicht bekannt sind. Eine andere Erklärung zielt auf die Tatsache ab, daß Suizidversuche und speziell Suizide ein insgesamt gesehen doch recht seltenes Ereignis darstellen, so daß viel größere Patientenzahlen zur Untersuchung notwendig wären, um die entscheidenden Merkmale zu identifizieren.

Unterschiede und Gemeinsamkeiten von Personen mit Suiziden und Suizidversuchen

Am Schluß dieses Kapitels bietet es sich nun an, in Ergänzung zu Kapitel III des Buches anhand der gesammelten Informationen die Unterschiede und Gemeinsamkeiten von Personen mit Suiziden und Suizidversuchen in Tabellenform zusammenzustellen (nach Kreitman 1986).

Bei dieser Zusammenstellung darf allerdings nicht übersehen werden, daß die Anzahl derjenigen, die Suizidversuche unternehmen, wesentlich höher ist (15fach bei Männern und 30fach bei Frauen) als die derjenigen, die sich suizidieren (Kennedy und Kreitman 1973).

VI. Entstehungstheorien

Grundsätzlich lassen sich drei unterschiedliche Entstehungstheorien für suizidales Verhalten abgrenzen: biologische, soziale (soziologische) und psychologische. Sie werden in diesem Kapitel einzeln abgehandelt. Der Autor ist sich dabei durchaus bewußt, daß eine isolierte Betrachtung der einzelnen Entstehungstheorien dem Gegenstand nicht gerecht wird, da diese Theorien wechselseitig abhängig sind. Eine Zusammenschau der Entstehungstheorien wird daher im Kapitel X dieses Buches versucht.

1. Biologische Theorien

Es war der zu seiner Zeit einflußreichste französische Psychiater Jean Etienne Dominique Esquirol (1838), der bemerkte: „Der Selbstmord bietet alle Merkmale der Geisteskrankheiten."… „Der Mensch nimmt sich nur das Leben, wenn er wahnsinnig ist, und der Selbstmörder ist wahnsinnig." Dabei ist der Suizid als Krankheit *sui generis* anzusehen oder als ein Stadium, das bei einer oder mehreren Arten von psychischen Störungen auftreten kann (z.B. bei einer Depression oder Schizophrenie).

Genetik
Die wichtigste biologische Theorie von Suizid und Suizidversuch ist die Theorie der Vererbung. Schon Esquirol (1838) hatte Familien beobachtet, in denen sich Suizide häuften: „Der jüngste Sohn ist 26 bis 27 Jahre alt, wird schwermütig und stürzt sich vom Dach seines Hauses. Sein Bruder, der für ihn sorgte, macht sich Vorwürfe über diesen Tod und stirbt ein Jahr später nach verschiedenen Selbstmordversuchen an den Folgen lang andauernder und wiederholter Nahrungsverweigerung. Ein anderer Bruder, er ist Arzt, der mir zwei Jahre vorher in tiefster Verzweiflung anvertraut hatte, er werde seinem Geschick nicht entgehen, verübte Selbstmord."

Anhand dieser Familiengeschichte lassen sich schon die wichtigsten Hypothesen für die Entstehung von Suiziden ablesen. Es kann sich um eine Erbanlage zum Suizid von männlichen Mitgliedern einer Familie handeln. Denkbar ist auch eine vererbbare Disposition zur Depression (Schwermütigkeit), die bei einzelnen Mitgliedern der Familie auftritt und zum Suizid führt/führen kann (biologische Hypothesen). Es kann sich bei den nachfolgenden Suiziden allerdings auch um eine Nachahmung des ersten Suizides handeln im Sinne einer Imitation (soziale [soziologische] Hypothese). Schließlich können bei allen Suiziden auch familiäre Konfliktsituationen und belastende Lebensereignisse vorliegen (psychologische Hypothese).

Die Stützung bzw. Widerlegung dieser Hypothesen gelingt am besten mit Hilfe von Familien-, Zwillings- und Adoptionsstudien (Propping 1989).

In Studien kann zunächst einmal die Häufung eines Merkmals, in diesem Fall Suizid oder Suizidversuch, in Familien festgestellt werden oder die Kombination von Merkmalen, z.B. Suizidversuch/Suizid und Depression. Dies gelingt allerdings nur dann, wenn Familien mit und ohne Suizid/Suizidversuch miteinander verglichen werden. So kann man überprüfen, ob überhaupt familiäre Häufungen und Häufungen mit anderen Merkmalen, wie z.B. Depressionen, auftreten. Ob es sich dabei um eine Vererbung handelt, um Familientraditionen bzw. Imitationen oder um psychologische Faktoren, läßt sich mit dieser Methode nicht klären.

Zwillingsstudien beruhen auf der biologischen Tatsache, daß die genetische Ausstattung von eineiigen Zwillingen nahezu identisch ist, wohingegen die von zweieiigen Zwillingen jener von Geschwistern gleicht. Kommt es zur Häufung von Suiziden/Suizidversuchen bei eineiigen gegenüber zweieiigen Zwillingen, so liegt die Annahme einer Vererbung nahe. Zwar ist es denkbar, daß eineiige Zwillinge aufgrund ihres sehr ähnlichen Aussehens auch gleich erzogen werden und zu symbiotischen Beziehungen neigen. Dann würden sie vermutlich auch Suizidalität eher teilen als zweieiige Zwillinge, die sich schon äußerlich deutlich unterscheiden. Gegen diese Annahme sprechen aber empirische Studien, die zeigen konnten, daß eineiige Zwillinge eher dazu neigen, sich voneinander abzugrenzen.

Die Trennung von *nature* (= Vererbung) und *nurture* (Aufzucht = Entwicklung), gelingt am besten mit sog. Adoptionsstudien. Hierbei werden eineiige Zwillinge untersucht, von denen der eine bei den biologischen Eltern aufgewachsen ist, der andere bei den Adoptiveltern. Mindestens einer der beiden Zwillinge sollte einen Suizid/Suizidversuch in der Vorgeschichte aufweisen, und die Adoptiveltern sollten ohne psychische oder andere Auffälligkeiten sein. Umgekehrt ist es möglich, daß man von den biologischen und Adoptivfamilien der eineiigen Zwillinge bezüglich Suizidalität ausgeht und die Aufmerksamkeit auf das Auftreten von Suizidalität bei den Zwillingen richtet. Sollte Suizidalität beschränkt sein auf den eineiigen Zwilling, der bei den biologischen Eltern aufgewachsen ist, so spräche dies gegen eine Erblichkeit von Suizidalität. Sollte hingegen bei beiden Zwillingen die Suizidhäufigkeit gleich groß oder bei den wegadoptierten Zwillingen sogar häufiger sein, so spräche dies für eine Erblichkeit bei Suizidalität. Es versteht sich von selbst, daß es durch die Tatsache des äußerst seltenen Ereignisses, daß eineiige Zwillinge getrennt bei biologischen und Adoptiveltern aufwachsen, sehr fraglich ist, ob diese Zwillingspaare repräsentativ für die Gesamtheit aller Zwillingspaare mit suizidalem Verhalten sind.

Sollte sich eine Erblichkeit der Suizidalität herausstellen, bliebe noch die Frage des Erbganges offen. Handelt es sich um einen autosomalen (die nicht-geschlechtsspezifischen Chromosomen betreffenden) oder heterosomalen (die Geschlechtschromosomen betreffenden) Erbgang? Handelt es sich um einen dominanten oder rezessiven Erbgang? Handelt es sich um keinen klassischen Erbgang, sondern um eine Polygenie, d.h., mehrere oder viele Gene formen das Merkmal? Wie steht es um die Penetranz des Gens, d.h., muß es sich unbedingt in dem Merkmal ausdrücken, oder kann es sich in einer abgeschwächten Form zeigen (Expressivität des Gens), z.B. keine Suizidalität, sondern verstärkte Aggressivität, Impulsivität, Feindseligkeit etc.?

Eine Häufung von Suiziden und Suizidversuchen in Familien wurde schon von Esquirol (1838) beobachtet und in vielen Studien bestätigt, welche allerdings das Augenmerk auf depressive Störungen gerichtet hatten (Murphy und Wetzel 1982; Roy 1983). Eine besonders markante Studie ist dabei die sog. „Old Order Amish-Studie", welche sich mit der Genetik von affektiven Störungen (d.h. depressiven oder manisch-depressiven Störungen) befaßt (Egeland und Hostetter 1983). Es handelt sich um einen schweizerischen Volksstamm, der im frühen 18. Jahrhundert nach Nordamerika auswanderte, vornehmlich in den südöstlichen Teil von Pennsylvania. Das Amish-Volk entstammt einer Wiedertäufer-Tradition, was sich u.a. in absoluter Alkoholabstinenz zeigt und im Verdienen des Unterhalts lediglich durch Viehzucht und Ackerbau. Das Amish-Volk ist ausgesprochen pazifistisch: Mordtaten und kriminelle Akte sind nicht bekannt. Es existiert eine starke soziale Bindung durch gemeinsame Landwirtschaftsarbeit und Gottesdienste. Heiraten sind religiöse Ereignisse, Ehen dürfen auf keinen Fall aufgelöst werden. Drei Generationen wohnen unter einem Dach, es gibt nahezu keine Einsamkeit und Isolation für die einzelnen Mitglieder. Sich das Leben zu nehmen ist ein absolutes Tabu, eine Sünde, und führt zur Beerdigung außerhalb der Friedhofsmauern.

In einer Hundertjahresperiode (1880–1980) fanden sich 26 Suizide. 92% der Patienten mit Suizid zeigten eine affektive Störung und traten in Familien mit einer starken Häufung manisch-depressiver Störungen über mehrere Generationen auf. Die Suizide fanden sich in vier Stammbäumen. Insgesamt war das Suizidrisiko sehr niedrig, und viele Mitglieder der vier Stammbäume hatten sich nicht suizidiert, obwohl sie durch die gleichen Risikofaktoren wie ihre Familienmitglieder mit Suizid belastet waren (Egeland und Sussex 1985).

Alec Roy und Mitarbeiter (1991) haben die gesamte Literatur über Zwillingsuntersuchungen bei Suizid sowie ihre eigenen Fälle zusammenfassend publiziert. Dabei wurden 176 Zwillingspaare untersucht, bei welchen sich einer der oder beide Zwillinge suizidiert hatten. 7 von 62 eineiigen Zwillingspaaren verübten Suizid im Vergleich zu 2 von 114 zweieiigen Zwillingspaaren (11,3% gegenüber 1,8%). 13 (eineiige und zweieiige) Zwillingspaare, die sich suizidierten, wurden hinsichtlich psychiatrischer Störungen genauer untersucht. 11 Zwillinge von diesen 13 Paaren wurden wegen psychiatrischer Störungen behandelt. Die Ergebnisse dieser Studien deuten darauf hin, daß genetische Faktoren in einer genetischen Disposition für psychiatrische Störungen repräsentiert sind, nicht jedoch direkt für Suizid. Ein klassischer Erbgang im Sinne eines dominanten oder rezessiven Erbganges scheint dabei ausgeschlossen zu sein.

In der sehr berühmten dänischen Adoptionsstudie, die primär der Klärung der Erbfaktoren der Schizophrenie diente, wurden auch Suizide untersucht (Schulsinger et al. 1979; Wender et al. 1986). Dänemark besitzt als eines der wenigen Länder in der Welt drei unterschiedliche Register: ein Register für Zwillinge, ein Register für Adoptionen und ein Register für psychiatrische Störungen. Somit war es möglich, eineiige Zwillingspaare, von denen mindestens einer unter psychiatrischen Störungen litt und von denen einer bei den biologischen und einer bei Adoptiveltern aufgewachsen war, aus diesen drei Registern herauszufinden und näher zu untersuchen. Dabei wurde von affektiven Störungen ausgegangen und nach Suiziden bei diesen Zwillingen und den biologischen und Adoptivfamilien gesucht. Zusätzlich wurden diese Zwillinge noch verglichen mit wegadoptierten Zwillingen, die keine psychiatrische Störung aufwiesen.

Die Analyse dieser Daten zeigte eine 8fach höhere Rate von Depressionen bei den biologischen Verwandten der eineiigen Zwillinge und eine 15fach höhere Rate von Suiziden bei den biologischen Verwandten gegenüber den Adoptiv-Verwandten. Diese höhere Suizidrate spricht für eine von einer affektiven Störung unabhängigen genetischen Komponente bei Suizid. Allerdings scheint der Suizid als solcher nicht vererbt zu sein, sondern eine gewisse Unfähigkeit zur Impulskontrolle. Depressionen, andere psychiatrische Störungen und Streß können als potenzierende Mechanismen dienen, die ein impulsives Verhalten fördern oder auslösen, welches sich dann in einem

Suizid manifestiert. Der Suizid könnte z.B. eine Erlösung von unerträglichem psychischen Schmerz sein.

Stoffwechselstörungen im Gehirn

Vor allem hinsichtlich der beiden großen psychiatrischen Störungen, nämlich den Schizophrenien und den affektiven Störungen (depressive und manisch-depressive Störungen), wurden Veränderungen im Bereich der wichtigsten Transmittersysteme vermutet.

Transmitter sind Überträgerstoffe, welche einen elektrischen Impuls von einer Zelle zur anderen weiterleiten. Dabei überwinden die Transmitter den Zwischenraum, der zwischen zwei Nervenzellendigungen besteht, den sog. synaptischen Spalt. Die Transmitter selbst werden im Nervenzellende der einen Zelle produziert, in den synaptischen Spalt abgegeben und binden sich an Rezeptoren der anderen Nervenzelle. Rezeptoren sind Proteine (große Eiweißkörper), an welche die Transmitter gebunden werden.

In der Nervenzelle geschieht hingegen die Reizübertragung elektrisch und nicht wie im synaptischen Spalt zwischen den Nervenzellen chemisch. Die elektrischen Impulse bewirken, daß am Ende eines Nervenfortsatzes Transmitter ausgeschüttet werden. Diese docken an passende Rezeptoren auf der gegenüberliegenden Seite an und bewirken, daß chemische Signale nun wieder in elektrische umgewandelt und weitergeleitet werden. Am Ende dieser Kette stehen u. a. Emotionen, geistige oder körperliche Aktivitäten.

Es sind vor allem drei Transmitter, die mit schizophrenen und affektiven Störungen in Zusammenhang gebracht werden und deswegen auch in der biologischen Suizidforschung eine wesentliche Rolle spielen: Adrenalin/Noradrenalin, Serotonin und Dopamin.

Die erste Hypothese affektiver Störungen war die Katecholaminhypothese (Schildkraut 1965). Nach dieser Vorstellung beruht die Depression auf einem Defizit von Katecholaminen, vor allem Noradrenalin, an der Synapse. Bei der Manie besteht ein Überschuß. Die Hypothese beruhte zunächst auf pharmakologischen Befunden: Trizyklische Antidepressiva blockieren die präsynaptische Wiederaufnahme von Noradrenalin. Monoaminoxidasehemmer blockieren den Abbau von Katecholaminen. Beide Mechanismen führen zu einer erhöhten Noradrenalinkonzentration an der Synapse.

Die zweite Hypothese bezieht sich auf den Transmitter Serotonin. Bei affektiven Störungen wurde auch hier ein Defizit an der Synapse postuliert (Coppen 1972).

Die dritte Hypothese steht im Zusammenhang mit der Schizophrenie. Die Dopaminhypothese der Schizophrenie nimmt an, daß die Krankheit durch eine funktionelle Überaktivität des dopaminergen Systems bedingt ist. Substanzen, die Dopamin freisetzen, z.B. Amphetamin, können eine schizophrene Psychose auslösen. Umgekehrt wirken Stoffe, die Dopaminrezeptoren blockieren, die Neuroleptika, antipsychotisch (Meltzer und Stahl 1976). Für affektive Störungen scheint das dopaminerge System von untergeordneter Bedeutung zu sein (van Praag 1982).

Eine letzte Hypothese betrifft das Gleichgewicht zwischen Noradrenalin und Acetylcholin, einem weiteren Transmitter im Zentralnervensystem. Janowsky et al. (1972) nahmen ein relatives Übergewicht des adrenergen Systems in der Manie und ein relatives Überwiegen des cholinergen Systems in der Depression an. Die Argumente stammen aus der Pharmakologie: Physostigmin, ein indirekter Agonist (eine die cholinerge Wirkung fördernde Substanz), kann bei manischen Patienten und bei Gesunden eine depressive Symptomatik provozieren, bei Depressiven eine Verstärkung der Depression. Manche cholinerge Antagonisten (die cholinerge Wirkung hemmende Substanzen) wirken antidepressiv und können sogar Euphorien erzeugen. Die Gleichgewichtshypothese könnte die Phasenhaftigkeit dadurch erklären, daß das System immer versucht, das jeweilige Defizit im anderen System zu kompensieren, und es infolgedessen zur Überkompensation kommt. Daraus resultieren dann die manisch-depressiven Phasen bzw. die Stimmungsschwankungen.

Neuere Untersuchungen zeigen, daß die Veränderung der Empfindlichkeit der Rezeptoren und nicht die Anhäufung der

Transmitter im synaptischen Spalt für den Wirkmechanismus der Transmittersysteme verantwortlich ist (Holsboer 1990).

1976 war es Marie Asberg und ihre Arbeitsgruppe aus Stockholm, die auf der Suche nach den biologischen Veränderungen bei Depressionen eine äußerst interessante Entdeckung auf dem Gebiet der Suizidologie machten, welche die biologische Forschung in diesem Bereich für 15 Jahre dominieren sollte.

Asberg und Mitarbeiter untersuchten Anfang der 70er Jahre 68 depressive Patienten auf die Veränderung des serotoninergen Transmittersystems, indem sie das Abbauprodukt des Serotonins 5-HIAA (5-hydroxyindoleaceticacid), das im Nervenwasser zu finden ist, analysierten. Eine Entnahme des Nervenwassers durch Punktion des Rückenmarkkanals war bei diesen Patienten, die selbstverständlich ihr Einverständnis dafür geben mußten, deswegen notwendig, weil es die einzige Möglichkeit darstellte, wenigstens indirekt Einblick in den Gehirnstoffwechsel zu bekommen. Normalerweise sind Blutkreislauf und Kreislauf des Nervenwassers vollständig voneinander getrennt (sog. Blut-Hirnschranke), so daß Untersuchungen im Blut wenig Aussagekraft über Stoffwechselvorgänge im Gehirn geben. Die Befunde zeigten zwei Untergruppen der 68 Patienten: eine Gruppe mit niedrigen Werten von 5-HIAA (20) und eine Gruppe mit hohen Werten von 5-HIAA (48) im Nervenwasser. Es konnten keine Charakteristika gefunden werden, die diese beiden Gruppen unterscheiden; aber in der Gruppe mit niedrigen 5-HIAA-Werten befanden sich die beiden Patienten, die später Suizid begingen.

Asberg und Mitarbeiter nahmen sich daraufhin die Forschungsprotokolle der 66 Patienten noch einmal vor und suchten nach Suizidversuchen in der Vorgeschichte und im weiteren Zeitverlauf nach der Untersuchung des Nervenwassers. Die Patientengruppen unterschieden sich nicht hinsichtlich Geschlechterverteilung, Schweregrad der Depression, Suizidideen und vorangegangener Suizidversuche. 8 Patienten in der Gruppe mit niedrigen 5-HIAA-Werten (40%) und 11 Patienten mit hohen 5-HIAA-Werten (15%) unternahmen einen oder mehrere Suizidversuche in der Periode nach der Erstuntersuchung. Demnach waren die niedrigen 5-HIAA-Werte ein Vorhersager (Prädiktor) für spätere Suizidversuche, und zwar nahezu ausschließlich für Suizidversuche mit harten Methoden *(violent suicide attempts)*.

Vor allem drei Fragen beschäftigten die biologische Suizidforschung in den folgenden Jahren nach der Untersuchung von Asberg und Mitarbeitern:

1. Können die Ergebnisse von anderen Forschergruppen und an anderen Patientengruppen wiederholt (repliziert) werden?

2. Wie sieht es mit der meist bei Suizidversuchen gleichzeitig bestehenden depressiven Verstimmung aus? Sind die Befunde mehr depressionsspezifisch als suizidspezifisch und beschränkt auf den akuten Zustand?

3. Sind Suizidversuch, Suizid das entscheidende Merkmal für die Stoffwechselstörungen, oder sind es andere Merkmale wie Aggressivität, Impulsivität etc.?

Die Beantwortung der Fragen sieht wie folgt aus:

1. Die Ergebnisse von Asberg et al. (1976) konnten von anderen Forschergruppen und an anderen Patientengruppen wiederholt (repliziert) werden, wie die Übersichtsarbeiten von van Praag (1986), Asberg und Nordström (1988) und Baumann (1992) übereinstimmend berichten.

Eine wichtige Rolle spielte dabei die direkte Untersuchung des Gehirns von akut Verstorbenen nach Suizid, sog. *Post-mortem*-Untersuchungen. Es fand sich in der vorderen Hirnrinde eine Erhöhung der Serotonin-Rezeptoren (aber auch der ß-adrenergen Rezeptoren), was mit der gleichzeitigen Erniedrigung des 5-HIAA-Spiegels im Nervenwasser der Verstorbenen im Sinne einer kompensatorischen Vermehrung der Rezeptoren gut in Einklang zu bringen war (Asberg und Nordström 1988; Baumann 1992).

2. Die Ergebnisse hinsichtlich der Suizidspezifität gegenüber der Depressionsspezifität von Asberg et al. (1976) werden uneinheitlich interpretiert. Während van Praag (1986) und Asberg und Nordström (1988) die Ansicht vertreten, daß die erniedrigten Werte von 5-HIAA unabhängig von der sie begleitenden

depressiven Verstimmung zu sehen sind, läßt Baumann (1992) diese Frage offen.

3. Ein biologischer Defekt, der direkt verantwortlich für suizidales Verhalten zu sein scheint, wird von allen Übersichtsarbeiten verneint (van Praag 1986; Asberg und Nordström 1988; Baumann 1992): Studien über Probanden mit (impulsiven) Mordtaten, Vergewaltigung sowie Studien über Brandstifter und psychiatrische Patienten mit impulsivem oder aggressivem Verhalten ohne Suizidversuch wiesen die gleichen Veränderungen von 5-HIAA im Nervenwasser auf wie Studien über Patienten mit harten Suizidversuchsmethoden.

Selbst bei gesunden jungen Männern fand sich ein niedriger 5-HIAA-Spiegel, wenn diese durch folgende Eigenschaften charakterisiert waren: Dominanz, Furchtlosigkeit, leichte Erregbarkeit und offene Aggression (Asberg und Nordström 1988).

Aufgrund der Tatsache, daß biologische Forschung im Bereich der Psychiatrie keinen direkten Zugang zum Ort des Wirkungsgeschehens, nämlich dem Gehirn, hat, müssen die Ergebnisse, auch wenn sie in Teilbereichen von unabhängigen Forschergruppen an unterschiedlichen Patientenpopulationen wiederholt werden konnten, sehr vorsichtig interpretiert werden.

2. Soziale Theorien

Die soziologische Theorie Emile Durkheims
Die Epidemiologie hat sich schon früh im Bereich der Suizidforschung etabliert, und zwar mit dem epochalen Werk des Soziologen Emile Durkheim „Le Suicide" (1897). Durkheim sammelte als erster systematisch die Todesursachen-Statistiken in verschiedenen Ländern Europas des 19. Jahrhunderts und entwickelte aufgrund der unterschiedlichen Verteilung in den verschiedenen Ländern soziologische Theorien zur Erklärung für suizidales Verhalten.

In seinem Buch beschreibt Durkheim vier Suizidarten, die sich ableiten von der nicht geglückten Anpassung des Individuums an verschiedene Gesellschaftsformen. Die Anpassung des Individuums an die Gesellschaft setzt hierbei voraus, daß die

Individuation weder zu schwach noch zu stark ist. Wenn sie stark ist, bedingt das einen übermäßigen Individualismus, dem Durkheim die Bezeichnung *Egoismus* gibt. Da die entsprechenden Individuen von der Gesellschaft abgeschnitten werden und in die Isolation geraten, entsteht der *egoistische* Suizid. Wenn die Individuierung zu schwach ist, ist eher der *altruistische* Suizid zu erwarten. Auf der anderen Seite setzt das Gleichgewicht zwischen Individuum und Gesellschaft voraus, daß die sozialen Normen weder zu eng noch zu weit oder zu unbestimmt sind. Zu enge Normen begünstigen *fatalistische* Suizide. Hierunter gehören „Opfertode" wie beispielsweise von Märtyrern oder Kamikazefliegern. Zu weite oder zu unbestimmte Normen begünstigen die Zunahme *anomischer* Suizide. In Ermangelung einer klaren Vorstellung, welche Zwecke oder welche Mittel gesellschaftlich erwünscht sind, verliert das Individuum seine Orientierung.

Durkheim versuchte, mit den damals existierenden Suizidstatistiken von einzelnen Ländern und Regionen drei seiner vier Typen von Suiziden zu verifizieren (auf den fatalistischen Suizid geht er nicht weiter ein). Er versuchte nachzuweisen, daß in protestantischen Ländern eine erhöhte Suizidrate vorliegt, da der Protestantismus dem Individuum mehr Eigenständigkeit zugesteht als der Katholizismus: *egoistische Suizide*. Ebenso erklärte er die Zunahme der Suizidraten in politischen Krisen (Dreyfus-Affäre in Frankreich) im Sinne einer Zunahme des *egoistischen Suizides*. Suizidraten in Zeiten vermehrten ökonomischen Wachstums, welches eine Auflockerung sozialer Normen bedingt, führten im Sinne eines *anomischen Suizides* zur Zunahme, hingegen in Kriegsjahren mit strengeren Normen und einem starken inneren Zusammenhalt zur Abnahme der Suizidraten.

Die Kritik an Durkheims Hypothesen beruht darauf, daß ebenso viele Gegenbeispiele angeführt werden können. So sind die Suizidraten zwischen 1903–1913 und 1960 in Hannover, in Hessen und in Baden-Württemberg konstant geblieben, während sie in Bayern und Westfalen zugenommen haben; in London haben sie sich zwischen 1900 und 1960 nicht verändert, in

Paris sind sie jedoch während des gleichen Zeitraumes erheblich zurückgegangen (Henry und Short 1964; Grukle 1940). Überhaupt nicht haltbar ist die keinen Widerspruch duldende Einstellung Durkheims, daß nur soziologische Theorien ein empirisches Fundament besitzen.

Soziale (soziologische) Theorien beziehen sich auf unterschiedliche Bevölkerungsgruppen: Zum einen kann es sich um Völker oder Staaten handeln, zum anderen um kleinere Gemeinschaften, wie etwa rassische, religiöse oder weltanschauliche sowie gewisse örtliche Strukturen wie Städte, Stadtteile, ländliche Areale.

Schließlich muß auch die Familie als kleinste soziale (soziologische) Einheit berücksichtigt werden.

Völker und Staaten

Wie schon im Kapitel IV (Epidemiologie) erwähnt, zeigt sich eine bemerkenswerte Konstanz der Suizidziffern über 25 Jahre bzw. 100 Jahre hinweg. Der Vergleich in der Rangreihe der Häufigkeit von Suiziden pro Jahr in den meisten europäischen Ländern von 1960 und 1980/86 ergibt eine erstaunliche Konstanz der Rangplätze der meisten europäischen Staaten (Diekstra 1992). An oberster Stelle stehen die Staaten der K.u.K.-Monarchie zusammen mit den nordischen Staaten und Deutschland (BRD und DDR), gefolgt von der Schweiz, Frankreich und den Beneluxländern. Am unteren Ende der Rangreihe liegen die Staaten der Britischen Inseln und am Schluß die Mittelmeerländer. Dies ist um so bemerkenswerter, als die Suizidziffern innerhalb eines Staates von Jahr zu Jahr durchaus auch einmal schwanken können.

Noch erstaunlicher ist die Konstanz von Suizidziffern pro Jahr über ein Jahrhundert hinweg, welche exemplarisch für Deutschland (Wedler 1992) und für England und Wales (Kreitman 1986) dargestellt wurden. Diese Konstanz kann für einzelne Länder auch bis zum Anfang des 19. Jahrhunderts zurückverfolgt werden, als zum ersten Mal systematisch Suizide erfaßt wurden, z.B. in Preußen, Frankreich und in den nordischen Staaten (Retterstøl 1992).

Bei einem Blick in die einzelnen Provinzen, Regionen etc. findet sich wiederum, am Beispiel der Bundesländer des ehemaligen Deutschen Reiches dargestellt, eine erhebliche Konstanz der Suizidziffern pro Jahr, wobei es eher ein Ost-West- als ein Nord-Südgefälle zu geben scheint (Schmidtke und Weinacker 1994).

Es stellt sich somit die Frage, was unterscheidet diese Staaten, Völker, Regionen voneinander?

Zunächst fällt auf, daß vor allem in den katholischen Ländern die Suizid-/Suizidversuchsraten niedrig liegen. In Europa läuft das Hauptgefälle der Suizidraten vom protestantischen Norden zum stärker katholischen Süden. Von Nord nach Süd nimmt jedoch auch die Verstädterung ab, am deutlichsten nachweisbar in den Mittelmeerländern. Eine vorwiegend ländliche Struktur herrscht auch in Norwegen und Island vor, zwei Staaten mit deutlich niedrigeren Suizidziffern als die übrigen nordischen Staaten Dänemark, Schweden und Finnland.

Das Nord-Südgefälle der Suizidraten schließt automatisch auch ein Klimagefälle mit ein, d. h., in den sonnenärmeren Staaten finden sich höhere Suizidraten als in den sonnenreicheren Staaten. Ausnahmen bilden hier allerdings England und Irland. Wir können also festhalten, daß Religionszugehörigkeit, Stadt-Landverteilung und Klimazone einen Einfluß auf die Suizidraten haben, wobei der Stellenwert dieser Einflußgrößen und deren einzelne Gewichtung schwer zu beurteilen ist. Ausnahme ist hier Ungarn mit katholischer Religionszugehörigkeit, das nicht ein ausgesprochen nördlicher Staat und kein reiner Industriestaat ist und dennoch die höchste Suizidrate in der Welt aufweist, allerdings auch einen hohen Prozentsatz Alkoholabhängiger.

Die nächsten Schritte bestehen nun in der Analyse der Änderung der Suizid- und Suizidversuchsraten mehrerer Staaten und Völker sowie der Änderung der Suizid- und Suizidversuchsraten eines Staates/Volkes über einen längeren Zeitraum hinweg.

Beim Vergleich der Suizidraten der meisten europäischen Länder zwischen 1960 und 1980/86 fällt eine eindeutige Zunahme der Suizidziffern für alle europäischen Länder mit Ausnahme der mediterranen Länder auf. Hier könnte im Vergleich zu den mediterranen Ländern eine stärkere Zunahme der Säkularisierung, Industrialisierung und Verstädterung den Ausschlag geben.

Akute politische Ereignisse wie Kriege, Revolutionen scheinen auf Suizid und evtl. Suizidversuchsraten Einfluß zu nehmen. Die wesentliche Abnahme der Suizidraten fiel dabei in den Kriegsbeginn mit stetigem Anstieg bis zum Kriegsende. Als Erklärung könnten ein vermehrter nationaler Zusammenhalt sowie ein Absinken der Arbeitslosigkeit dienen. Ein verdeckter Suizid an der Front erscheint eher unwahrscheinlich, weil der Trend bei Frauen ebenso zu finden und nicht über das ganze Kriegsgeschehen hinweg zu beobachten war. Eine letzte, eher spekulative Erklärung wäre die Möglichkeit, im Krieg die Aggression eher nach außen richten zu können als gegen das eigene Ich.

Revolutionäre Umbrüche in Richtung auf Diktatur oder Demokratie hin scheinen auch die Suizidraten einzelner Staaten/ Völker zu beeinflussen. In der Tschechoslowakei kam es zwischen 1960 und 1986 zu einem Absinken der Suizidraten, was mit der schon frühzeitigen Liberalisierung der politischen Verhältnisse in Zusammenhang gebracht werden kann (Diekstra 1992). In die gleiche Richtung gehen Befunde aus den früheren Sowjetrepubliken, wo es zwischen 1984 und 1988 unter *Perestroika* und *Glasnost* zu einer deutlichen Abnahme von Suiziden kam. Gleichzeitig bestand allerdings auch eine staatlich verordnete massive Einschränkung des Alkoholkonsums (Värnik und Wasserman 1992). Mit der zunehmenden Liberalisierung der Verhältnisse in der ehemaligen DDR und der endgültigen Öffnung und schließlichen Wiedervereinigung stellte sich ebenfalls eine erkennbare Reduktion der Suizidziffern ein (Schmidtke und Weinacker 1994). Während der Dreyfus-Affäre kam es dagegen zu einer Zunahme der Suizidraten in der Bevölkerung in Frankreich (Durkheim 1897).

Kleinere gesellschaftliche Strukturen
Schon bei den Staaten und Völkern war das Gefälle der Suizidraten in Abhängigkeit von Stadt und Land deutlich geworden.

Die Interpretation dieser Befunde läßt mehrere Erklärungsmöglichkeiten zu. In die Städte wandern instabile Individuen, und der Streß eines Großstadtlebens spiegelt sich in den hohen Suizidraten wider. Dieser Streß ist vor allem bedingt durch die anonymen Lebensbedingungen, die jegliche menschliche Kontaktaufnahme erschweren. Schließlich findet sich in den Städten des öfteren eine höhere Arbeitslosigkeit als auf dem Lande.

Bei Suizidversuchen zeigen sich in spezifischen Wohngebieten der Städte hohe Raten anderer Formen abweichenden Verhaltens (Jugendkriminalität, Hausfriedensbruch, Zwangsräumungen, Mietmißstände, Straßenverkehrsunfälle, Kindesmißhandlungen, Geschlechtskrankheiten und uneheliche Geburten [McCulloch und Philip 1970]). Im Rahmen einer sozial-ökologischen Untersuchung der Verteilung von Suizidversuchen über das Stadtgebiet von Mannheim fand Welz (1979) eine hohe Konzentration von Suizidversuchen in nur wenigen Straßen. Bezogen auf das Gesamtgebiet der Stadt Mannheim, konnten in einem Zeitraum von 10 Jahren 71 Straßen mit einer Suizidversuchsrate von mehr als 20/1000 Einwohner festgehalten werden. Für 6 Straßen konnte eine Suizidversuchsrate von mehr als 40 auf 1000 Einwohner berechnet werden.

In einer weiteren Studie konnten Kreitman et al. (1969) in einem Beobachtungszeitraum von fünf Jahren eine Häufung von Suizidversuchen nicht nur in der Familie, sondern auch im Freundes- und Bekanntenkreis beobachten. Innerhalb des Freundes- und Bekanntenkreises zeigten Frauen, insbesondere junge Frauen unter 35 Jahren, eine höhere Anzahl von Suizidversuchen und als Methode des Suizidversuches eine Tablettenvergiftung.

Kein Zweifel besteht auch daran, daß Arbeitslosigkeit zu einem Ansteigen sowohl von Suiziden als auch von Suizidversuchen führt (Platt 1984).

Bei dem überzufälligen Zusammenhang (Korrelation) zwischen Arbeitslosigkeit und Suizid bzw. Suizidversuch müssen Selektionsfaktoren in Rechnung gestellt werden. In Zeiten ökonomischer Rezession sind psychisch Behinderte häufiger dem Verlust ihrer Arbeit ausgesetzt und haben größere Schwierigkeiten, eine neue Tätigkeit zu finden. Höhere Arbeitslosigkeit bei Männern korreliert zugleich mit einer höheren Suizidrate bei Frauen, vielleicht durch mittelbare Einflüsse der Arbeitslosigkeit auf das Familienleben bedingt. Bei den Suizidversuchen bleibt die Differenz zwischen Beschäftigten und Arbeitslosen auch dann erhalten, wenn eine Standardisierung nach sozialen Schichten vorgenommen wurde – ein wichtiges Erfordernis, da Arbeitslosigkeit in Rezessionszeiten besonders Angehörige der unteren sozialen Schicht trifft. Dementsprechend findet sich dort auch eine höhere Rate von Suizidenten als in den anderen sozialen Schichten. Weiterhin zeigt sich, daß mit zunehmender Dauer der Arbeitslosigkeit die Zahl der Suizidversuche steigt.

Die weitaus höhere Suizidrate bei Männern gegenüber Frauen wird in Indien als einem der wenigen Länder in der Welt durchbrochen. Hier überwiegen die Suizide der Frauen. Es scheint sich um ein religiös-kulturelles Phänomen zu handeln, denn die Frauen folgten bis vor kurzem ihren verstorbenen Männern freiwillig in den Tod *(Suttee)*. Diese Tradition scheint schon bestanden zu haben, als Alexander der Große nach Indien kam. Frauen leben in Indien in großer Abhängigkeit von der Familie und insbesondere vom Ehemann. Suizid bzw. Opfertod scheint den indischen Frauen etwas Vertrautes zu sein (Pfeiffer 1994).

In den letzten Jahren nähern sich die Suizidraten von Männern und Frauen zunehmend an (Kreitman 1986; Diekstra 1992). Denkbar wäre hier als Erklärung die wachsende Vermischung von männlicher und weiblicher Rolle mit allen Vor- und Nachteilen. Da sich gleichzeitig die Alkoholismusrate von Mann zu Frau von 7 : 1 zu 3 : 1 zuungunsten der Frauen verändert hat (Feuerlein 1989), könnte sich dies ebenfalls wesentlich auf die Suizidrate ausgewirkt haben.

Ein weiterer bemerkenswerter Trend der letzten Jahrzehnte ist die Zunahme von Suiziden von 15- bis 35jährigen (Diekstra 1992). Diese geht einher mit einem Anwachsen der Depressionen, evtl. auch der Suchterkrankungen in den meisten westlichen Ländern (Cross-National-Collaborative Group 1992). Zunehmende Urbanisierung, zunehmender Verlust sozialer Strukturen und familiärer Bindungen sowie Änderung der Geschlechtsrollen werden als Gründe angeführt (Klerman 1988).

Die Imitationshypothese

Die Befunde von Kreitman et al. (1969) und Welz (1979), daß Suizidversuche gehäuft in Familien und deren Freundes- und Bekanntenkreis sowie in bestimmten Straßenzügen zu finden sind, lassen sich auch als Imitationshypothese (Schmidtke und Häfner 1986), Ansteckungshypothese (Welz 1979) oder Suggestionshypothese (Phillips 1974) formulieren.

Allen drei Hypothesen ist gemeinsam, daß das suizidale Verhalten eines Vorbildes imitiert wird, wobei das Entgegenkommen des Individuums durch seine (präsuizidale) Persönlichkeit, unzureichende soziale Ressourcen bei der Bewältigung von Lebenskrisen und dauerhafte soziale Belastungen oder eine hohe soziale Beeinflußbarkeit bestimmt sein kann.

Der sog. Werther-Effekt wurde durch eine Reihe von empirischen Studien nachgewiesen. Exemplarisch soll die Studie von Schmidtke und Häfner (1988) hier dargestellt werden, da sie durch besondere methodische Perfektion gekennzeichnet ist.

1981 und 1982, etwa 1½ Jahre später als die erste Ausstrahlung, zeigte das Zweite Deutsche Fernsehen eine sechsteilige Serie unter dem Titel „Tod eines Schülers". Gegenstand der Serie war der fiktive Eisenbahnsuizid eines 19jährigen Schülers. Die Ausstrahlung hatte in der Bundesrepublik Deutschland, verglichen mit analogen Zeitperioden vor, zwischen und nach beiden Sendungen, einen erheblichen Anstieg der mit gleicher Methode durchgeführten Suizide in der Zeitspanne der Sendung und unmittelbar danach zur Folge. Die Häufigkeitszunahme der Eisenbahnsuizide war am stärksten in den nach Alter und Geschlecht dem fiktiven Modell am nächsten stehenden Gruppen der Bevölkerung. Für Männer von 15–19 Jahren betrug der Anstieg für einen Zeitabschnitt von 70 Tagen während und nach der ersten Ausstrahlung gegenüber den Vergleichszeiträumen 175%, für Frauen der gleichen

Altersgruppe 167%. Bei Frauen über 30 und bei Männern über 40 Jahren fanden sich keine signifikanten Anstiege mehr.

Die jeweiligen Häufigkeitszunahmen der Eisenbahnsuizide in der Altersgruppe der 15–29jährigen Männer für eine Zeitspanne von 70 bzw. 68 Tagen während und nach den beiden Aussendungen verhielten sich zueinander wie die für beide Sendungen ermittelten Einschaltquoten der 15–29jährigen. Dabei handelte es sich nicht um vorgezogene Suizide disponierter Personen, sondern um einen echten Häufigkeitsanstieg von Suiziden.

Praktisch formuliert, so schreiben die Autoren, hat wahrscheinlich eine beträchtliche Anzahl junger Menschen durch diese mit guter Absicht gedrehte Fernsehserie den Anstoß erfahren, ihrem Leben ein rasches, dramatisches Ende zu setzen.

3. Psychologische Theorien

Das erste wissenschaftliche Symposium über Suizid fand 1910 in Wien statt. Den Vorsitz dieses Symposiums der Wiener Psychoanalytischen Gesellschaft hatte Alfred Adler inne. Sigmund Freud war einer der Diskutanten, und das Hauptthema waren die ansteigenden Suizidraten von Jugendlichen und verschiedene Schulepidemien in Österreich und anderen mitteleuropäischen Staaten (Freud 1910).

Es war auch ein Psychoanalytiker, der auf die grundsätzliche Problematik bei der Suche nach psychologischen Entstehungsbedingungen von suizidalen Verhaltensweisen aufmerksam machte. Karl Menninger (1938) führt in seinem Buch „Selbstzerstörung" ein Beispiel an, welches diese Problematik sehr anschaulich widerspiegelt:

„Oder aber betrachten wir ein so typisches Beispiel wie den Kassierer einer Kleinstadtbank, einen ruhigen, freundlichen und allgemein geachteten Mann, den nahezu jeder in der Gemeinde kennt. Eines Nachmittags schloß er sich nach Geschäftsschluß in seinem Büro ein und wurde am nächsten Morgen erschossen aufgefunden. Danach stellte man in seinen Büchern ein Defizit fest, und es wurde nachgewiesen, daß er heimlich Tausende von Dollars auf die Seite gebracht hatte. Seine Freunde weigerten sich eine Zeitlang, es für möglich zu halten, daß ein so bekannter, angesehener Mann etwas Derartiges getan haben könne. Schließlich stimmte man allgemein überein, daß er plötzlich den Verstand verloren, der überwältigenden Versuchung nachgegeben habe, dann von Reue verzehrt wurde, deren angemessene, wenngleich tragische Konsequenz der Selbstmord war.

Wenige Wochen später kam jedoch ein neues Moment ins Spiel. Es wurde entdeckt, daß dieser Mann ‚eine Affäre‘ mit einer Frau gehabt hatte. Nun hielt die Erklärung seines Selbstmordes, die so einfach zu sein schien, nicht mehr stand; die Frage mußte aufs neue bedacht und eine Lösung gefunden werden. ‚Das ist also die wirkliche Erklärung der Angelegenheit‘, sagten die Leute in der Stadt. ‚Wenn ein vernünftiger, angesehener verheirateter Mann sich in eine unmoralische Affäre verstrickt, vergißt er bald alles, was der Anstand fordert.‘ Eine andere Version lautete:

‚Er brauchte das Geld einfach, um die Frau zu unterhalten. Eigentlich war sie es, die ihn getötet hat.‘

Nachdenklichere Beobachter hingegen würden sicherlich die wirkliche Bedeutung einer verwickelten sexuellen Beziehung dieser Art im Leben eines scheinbar normal angepaßten Mannes zu ergründen versuchen, zumindest die Frage, weshalb eine solche Verstrickung ihn gegen die finanzielle Versuchung machtlos werden ließ. Nur wenige der engsten Freunde dieses Mannes wußten, daß die Beziehung zu seiner Frau äußerst unglücklich gewesen war, und nur sein Arzt wußte, daß sie wegen der Frigidität der Frau seit zwanzig Jahren eine platonische Ehe geführt hatten. ‚In Wirklichkeit war seine Frau schuld‘, sagten diese wenigen, ‚sie war immer kalt und lieblos.‘

Aber liegt es nicht auf der Hand, daß auch damit die Sache – der tragische Verlauf – nicht ausreichend erklärt ist? Weshalb heiratete er eine solche Frau? Konnte er ihre Gefühlsreaktionen nicht verändern? Weshalb lebte er zwanzig Jahre mit ihr zusammen?

Und hier könnte nun einer, der diesen Mann seit seiner Kindheit kannte, die Stimme erheben und sagen: ‚Ja, aber Sie haben seine Mutter nicht gekannt! Auch sie war eine kalte und harte Frau, die sich mehr für Geld als für ihre Kinder interessierte. Kein Wunder, daß er unfähig war, eine vernünftige Wahl zu treffen, als er heiratete, oder mit seiner Frau geschickter und befriedigender umzugehen. Ja, wenn Sie nur seine Mutter gekannt hätten …'"

Fazit dieses Fallbeispiels ist, daß mehrere psychologische Ebenen berücksichtigt werden müssen und eine monokausale Zuschreibung nicht angemessen erscheint.

Die Wendung der Aggression gegen das eigene Ich

Trotz dieser Skepsis Menningers, eine schlüssige und plausible psychologische Theorie des Suizids bzw. der Selbstzerstörung formulieren zu können, versuchte auch er, eine solche Theorie zu entwickeln.

Für Menninger besitzt jeder Mensch ein angeborenes selbstdestruktives Potential, im Sinne der Triebtheorie einen Destruktionstrieb. Dieser Destruktionstrieb, von S. Freud in „Jenseits des Lustprinzips" (1920) beschrieben, wird normalerweise durch das eigene Ich als triebregulierende Instanz in Schach gehalten. Es besteht also eine angeborene Tendenz des Menschen zur Selbstzerstörung, die ihm allerdings nicht bewußt ist und die durch eine Schwächung des Ichs zum Vorschein kommt.

Menningers Theorie der Selbstdestruktivität hebt sich somit auch von der Suizidtheorie Freuds ab, die ja im wesentlichen, wie wir im Kapitel „Depression und Aggression" erläutert haben, eine Theorie der Depression ist. Bei Freud (1917) wendet sich die Aggression des Depressiven gegen das eigene Ich, da er die Aggression nicht gegen andere Menschen richten darf. Würde er dieses tun, verlöre er die andere Person, ohne die er nicht leben kann. Bei Freud ist also die Aggression nicht angeboren, sondern Folge einer ambivalenten Einstellung gegenüber anderen Personen, für die der Depressive zugleich Liebe und Haß empfindet.

Die narzißtische Krise

Eine wesentliche Erweiterung erfuhren die Suizidtheorien Freuds und Menningers durch die Narzißmustheorie von Kohut (1971), welche von Henseler (1974) auf die Entstehung von suizidalem Verhalten hin angewandt und modifiziert wurde.

Nach Henseler (1974) weisen Patienten mit suizidalem Verhalten die folgenden für eine narzißtische Problematik typischen Charakteristika auf:

1. Es handelt sich um ausgesprochen kränkbare Menschen, welche sich selbst durch berechtigte Kritik oder Ablehnung verletzt fühlen. Die Basis dieser Kritikempfindlichkeit ist ein schwach ausgebildetes Selbstwertgefühl. Der Suizid oder Suizidversuch ist dann die letzte Rettung des Selbstwertgefühls.

2. Neben diesem mangelnden Selbstwertgefühl besteht, dem Betreffenden bewußt oder unbewußt, eine Überschätzung der eigenen Fähigkeiten im Sinne eines überhöhten Selbstwertgefühls. Beide Anteile des Selbstwertgefühls, d.h. mangelndes und überhöhtes Selbstwertgefühl, können oszillieren, oder aber der Betreffende ist sich nur eines Teils, d.h. entweder des mangelnden Selbstwertgefühls oder der Größenideen, bewußt.

3. Die narzißtische Problematik zeigt sich auch in der unrealistischen Einschätzung anderer Personen. Genauso wie sich der Betreffende selbst nicht richtig in seiner Person und in einen Fähigkeiten einschätzen kann, ist er nicht in der Lage, andere Personen mit ihren Bedürfnissen und Fähigkeiten wahrzunehmen, d.h., es besteht nur mangelhaftes Einfühlungsvermögen in die Eigenarten und Bedürfnisse anderer Menschen. Auf der anderen Seite ist der Betreffende aber auch vollständig abhängig von der anderen Person, dem Partner etc., kann nicht ohne ihn existieren. Es entsteht also die fatale Situation, daß einerseits der Patient den anderen Menschen, z.B. den Partner, für sein seelisches Gleichgewicht unbedingt braucht, andererseits den Partner in seinen Eigenarten und Bedürfnissen überhaupt nicht wahrnehmen kann und daher chronisch vor den Kopf stößt. Kränkungen, Verletzungen und schließlich Trennung sind in solchen Partnerschaften vorprogrammiert.

4. Kränkungen dieser Patienten führen zu massiven aggressiven Ausbrüchen, die den Partner verletzen und womöglich den Abbruch der Beziehung bedingen. Um ja nicht den Abbruch der für den Patienten lebensnotwendigen Beziehung zu riskieren, richtet er die Aggression gegen das eigene Ich bis hin zur letzten Konsequenz, dem Suizidversuch oder Suizid. Henseler betont dabei, daß der Suizident sein eigenes aggressives Potential überschätzt, d. h. für so zerstörerisch hält, daß es den anderen Menschen vernichten könne.

Dem aufmerksamen Leser wird es sicherlich nicht verborgen geblieben sein, daß diese letzten Aspekte der Narzißmustheorie auch in Freuds Depressionstheorie anklingen, nämlich die Abhängigkeit des Depressiven von der anderen Person, dem Partner, sowie die Wendung der Aggression gegen das eigene Ich, um den lebensnotwendigen Partner nicht zu zerstören.

Typisch für den Suizidenten ist auch eine fehlende oder unrealistische Einstellung zum Sterben. Henseler bezieht sich dabei auf die auch hier im Buch dargestellten Todesphantasien, die Ringel (1953) zum ersten Mal beschrieben hatte: Das Sterben wird vollständig verleugnet, der Suizident erlebt sich in seiner Phantasie auch nach dem Tode als lebendig, und zwar als körperlich lebendig.

Henseler (1974) hat diese von ihm entwickelte Theorie anhand von Interviews an 50 Patienten nach Suizidversuch empirisch überprüft. Die Protokolle der Interviews wurden blind, d. h. von einem nicht an der Untersuchung beteiligten Kliniker, hinsichtlich dieser narzißtischen Problematik ausgewertet. Er konnte in seiner Studie die oben geschilderte narzißtische Problematik herausarbeiten, welche sich an einem aktuellen, zumeist Partnerkonflikt entzündet hatte und welche er als „narzißtische Krisen" bezeichnete.

Was die Ursprünge dieser narzißtischen Problematik der Patienten betrifft, äußerte sich Henseler sehr vorsichtig, da für die Erhebung der Lebensgeschichte nur ein Interviewtermin zur Verfügung stand.

Henseler verweist hier wiederum auf Kohut (1971). Dessen Theorien basieren auf den Beobachtungen in der Therapie seiner Patienten und in der Supervision von auszubildenden Kollegen. Letztendlich haben Patienten mit einer narzißtischen Problematik in ihrer frühesten Kindheit eine Behandlung durch ihre Mutter erfahren, die wie folgt ausgesehen haben könnte: Die Mutter selber litt an einer narzißtischen Problematik, so daß sie dem Kind nicht die mütterliche Wärme und bewundernde Anerkennung geben konnte, die es für eine gesunde Entwicklung unbedingt gebraucht hätte. Konkret bedeutete dies, daß sich die Mutter aufgrund ihrer eigenen narzißtischen Bedürftigkeit nicht ganz dem Kind widmete, ihre Bedürfnisse von denen des Kindes nicht trennte und schließlich das Kind zum Partner bzw. Partnerersatz machte. Somit konnte das Kind nie seine eigenen Bedürfnisse und Fähigkeiten kennenlernen und weiterentwickeln. Es konnte kein Selbstvertrauen aufbauen und blieb auf seine kindlichen Größenideen fixiert. Schließlich gelang es dem Kind nicht, sich von der Mutter abzugrenzen und seine Bedürfnisse von denen der Mutter zu trennen.

Im Gegensatz zu Menninger geht Kohut dabei nicht von einem angeborenen Aggressions- und Destruktionspotential eines jeden Menschen aus, sondern von Aggression infolge übermäßiger Frustration von Bedürfnissen des Kindes an Zuwendung, Anerkennung und Geborgenheit, die von seiten der Mutter nicht erfüllt werden.

Die hier aufgestellten psychologischen Theorien beziehen sich auf eine relativ spezifische Kindheitsentwicklung und einen aktuellen Konflikt des Betroffenen. Bis jetzt sind jedoch keine empirischen Studien durchgeführt worden, die nachweisen konnten, daß sich die Kindheitsentwicklung und der aktuelle Konflikt der Suizidenten wesentlich unterscheiden von den Kindheitsentwicklungen und aktuellen Konflikten von Patienten mit anderer psychischer Problematik und von der Normalbevölkerung. D.h., die Frage der Spezifität der psychoanalytischen Entwicklungstheorien ist bis jetzt nicht geklärt.

Neben diesen relativ spezifischen Theorien existieren solche, die auf einer mehr unspezifischen Basis suizidales Verhalten zu erklären versuchen.

Der Appell an menschliche Bindung

Farberow und Shneidman (1961) faßten die Funktion suizidalen Verhaltens unter dem Motto *cry for help* zusammen. Der Schrei nach Hilfe war in diesem Buch im Kapitel der Definition und klinischen Beschreibung schon einmal Thema, nämlich der Begriff des „Appells" im Rahmen parasuizidaler Verhaltensweisen (Feuerlein 1971). Der appellative Suizidversuch beinhaltete eine nicht so ausgeprägte Tendenz, sterben zu wollen. Bei Farberow und Shneidman geht es aber ausschließlich um eine Funktion des suizidalen Verhaltens und nicht um die Ernsthaftigkeit eines Suizidversuches. Warum der Schrei nach Hilfe durch eine Suizidäußerung, einen Suizidversuch oder Suizid kundgetan wird, lassen die Autoren offen.

In jedem Fall bewirkt der Schrei nach Hilfe eine Reaktion der Umgebung, d.h. der anderen Menschen. Sie wird eine wesentliche Entlastung für den Suizidenten bedeuten und seine suizidalen Tendenzen und seine gleichzeitig vorhandene depressive Verstimmung auflösen (Bronisch 1992d). Erfahrungsgemäß kann dann die Auseinandersetzung des Suizidenten mit seinen Angehörigen bzw. der Angehörigen mit dem Suizidenten zu einem besseren gegenseitigen Verständnis führen und den suizidalen Tendenzen des Betroffenen den Boden entziehen.

Da, wie schon Menninger 1938 festgestellt hatte, für über 80% der Suizidenten Trennungen bzw. drohende Trennungen sowie soziale Isolation Auslöser für den Suizidversuch (Bronisch und Hecht 1987) und Suizid (psychologische Autopsiestudien) sind, kann suizidales Verhalten spezifischer als Appell an den Mitmenschen, die Bindung nicht aufzugeben, d.h. als Appell an menschliche Bindung, verstanden werden. Dies gilt genauso für Kinder und Jugendliche (Pfeffer 1986).

Die menschliche Bindung wurde erst in den letzten Jahrzehnten Forschungsgegenstand der Humanwissenschaften. Vor allem John Bowlby befaßte sich mit der Verhaltensforschung bei Tieren (Ethologie) und der Erforschung von Säuglings- und Kleinkindverhalten in bezug auf Herstellung und Lösung affektiver (gefühlsmäßiger) Bindungen. Seine wichtigsten Beobachtungen und Theorien faßte er in drei Bänden zusammen: Attachment and Loss vol. I: Attachment (1971), Attachment and Loss vol. II: Separation: Anxiety and Anger (1975), Attachment vol. III: Loss (1980).

Im Mittelpunkt der empirischen Studien Bowlbys standen Beobachtungen an gesunden Kindern im zweiten und dritten Lebensjahr. Diese Kinder befanden sich in einem Kinderheim oder Krankenhaus, wo sie in der herkömmlichen Weise gepflegt wurden. Dies bedeutet, daß das Kind der Pflege seiner Mutter entzogen, aus seiner vertrauten Umgebung herausgerissen und statt dessen an einem fremden Ort von wechselnden unbekannten Personen versorgt wurde.

Das Kind durchläuft dabei gut gegeneinander abgrenzbare Phasen, welche von Bowlby als Phasen der *Auflehnung,* der *Verzweiflung* und der *Loslösung* bezeichnet werden. Zuerst verlangt das Kind wütend und unter Tränen seine Mutter zurück und hofft, sie zurückzubekommen. Das ist die Phase der *Auflehnung;* sie kann mehrere Tage lang anhalten. Später wird das Kind ruhiger, aber dem aufmerksamen Auge entgeht nicht, daß es nach wie vor mit der Abwesenheit der Mutter beschäftigt ist und sich immer noch nach ihrer Rückkehr sehnt; aber seine Hoffnungen sind geschwunden, und es befindet sich in der Phase der *Verzweiflung.* Schließlich tritt eine größere Veränderung ein. Das Kind scheint seine Mutter zu vergessen, so daß es, wenn sie es abholen kommt, merkwürdig wenig Interesse für sie zeigt und der Eindruck entstehen kann, als würde es sie nicht einmal erkennen. Dies ist die Phase der *Loslösung. In allen drei Phasen neigt das Kind zu oft beunruhigenden Wutanfällen und destruktivem Verhalten.*

Ist das Kind wieder nach Hause zurückgekehrt, hängt sein Verhalten von der Phase ab, die es während der Trennungsperiode erlebt hat. Gewöhnlich ist es eine Zeitlang teilnahmslos und stellt keinerlei Forderungen – in welchem Maße und für wie lange, hängt von der Dauer der Trennung und der Häufigkeit der Besuche ab. Wenn es z.B. einige Wochen oder Monate weggewesen ist, ohne besucht worden zu sein, und somit die ersten Phasen der *Loslösung* erreicht hat, wird seine Teilnahmslosigkeit wahrscheinlich eine Stunde, einen Tag oder länger anhalten. Wird sie schließlich aufgegeben, kommt die starke Ambivalenz der Gefühle für die Mutter zum Vorschein. Das Kind ist einem Sturm von Gefühlen ausgesetzt, es klammert sich an, und, wann immer die Mutter es für einen Augenblick verläßt, bricht es in Angst und Wut aus. Von da an ist seine Mutter vielleicht Wochen oder Monate lang ungeduldigen Forderungen ausgesetzt, bei ihm zu bleiben, und wütenden Vorwürfen, wenn sie es allein gelassen hat. Wenn das Kind jedoch mehr als sechs Monate wiederholt von seiner Mutter getrennt war, so daß es ein fortgeschrittenes Stadium der *Loslösung* erreicht hat, besteht die Gefahr, daß es die Zuneigung zu seinen Eltern nie mehr zurückgewinnen kann.

Bowlby führt aus, daß die Abfolge der beschriebenen Reaktionen – *Auflehnung, Verzweiflung* und *Loslösung* – in der einen oder anderen Variante auch für alle Formen des Trauerns charakteristisch ist. Nach einem unerwarteten Verlust scheint es immer eine Phase der Auflehnung zu geben, in der der Hinterbliebene entweder tatsächlich oder gedanklich und gefühlsmäßig danach strebt, den verlorenen Menschen zurückzugewinnen, und diesem vorwirft, ihn im Stich gelassen zu haben. In dieser und der folgenden Phase der Verzweiflung sind die Gefühle ambivalent. Stimmung und Haltung schwanken zwischen unmittelbarer Erwartung, die in der zornigen Forderung nach Rückkehr der Person ihren Ausdruck findet, und Verzweiflung, die sich in gedämpfter Trauer – oder überhaupt nicht – äußert. Zwar können sich Hoffnung und Trauer lange abwechseln, doch wird es schließlich zu einer gewissen emotionalen Loslösung von der verlorenen Person kommen (Bowlby 1979).

Diese Phasen der *Auflehnung, Verzweiflung* und *Loslösung* finden sich also bei Kindern und Erwachsenen sowie im Tierreich, vor allem bei Primaten. Insbesondere für die Entstehung von depressiven Störungen werden diese Beobachtungen herangezogen. Die Verhaltensmuster bei Trennungen werden als Anpassung des Individuums an seine Umwelt verstanden. Beim Kleinkind wie beim Erwachsenen dienen sie als Appell an die Bindungsbereitschaft der Eltern, Partner und anderen Bezugspersonen. Eine Entgleisung dieses adaptiven Mechanismus im Sinne einer Depression könnte eine traumatische, d.h. zu lange und zu abrupte Trennung des Kindes von der Mutter sein (Klerman 1974; Bowlby 1979).

Was ist nun Menschen mit Suizidgedanken, Suizidversuchen bzw. Suiziden gemeinsam, und was trennt sie von Menschen, die eine Trauerreaktion zeigen oder die depressiv und nicht suizidal sind?

Zunächst einmal treten Suizidgedanken, Suizidversuche und Suizide zumeist ebenfalls nach Trennungen oder drohenden Trennungen auf (Barraclough und Pallis 1975; Bronisch und Hecht 1987). Aggressivität, nach außen gerichtet, ist ebenfalls typisch für die Gruppe der Suizidenten wie für die Gruppe der Depressiven (Weissman et al. 1973; Angst und Clayton 1986). Beim Tod eines nahen Angehörigen kommt es zu einer Trauerreaktion, die alle Zeichen einer Depression aufweist, allerdings mit in den meisten Fällen fehlenden Suizidgedanken oder gar Suizidversuchen (Clayton 1990).

Es bleibt also die Frage offen, warum eine Gruppe von Menschen die Aggression nicht nur nach außen, sondern auch gegen die eigene Person richtet, um eine drohende Trennung entweder durch den Appell an den Partner zu verhindern oder dieser Trennung durch Suizid zuvorzukommen.

Der Appell an die Bindungsbereitschaft der Bezugsperson macht auch Sinn für die Evolutionstheorie, die heute nicht mehr allein Mutation und Selektion als die entscheidenden Mechanismen ansieht, sondern im Rahmen der Soziobiologie davon ausgeht, daß die menschliche Sippe versucht, ihre Gene an die nächste Generation weiterzugeben. Das heißt, das Individuum ist nicht unbedingt entscheidend, und altruistisches Verhalten kann ausgesprochen förderlich für die Spezies sein (Bischof 1985).

Ein altruistischer Suizid bzw. ein Opfertod wäre also mit der soziobiologischen Theorie vereinbar, nicht jedoch andere Suizidformen. Daher ist nach einer anderen Erklärungsmöglichkeit zu suchen: Man muß wohl davon ausgehen, daß der Trennungsschmerz beim Kind wie beim Erwachsenen einen der intensivsten seelischen Schmerzen darstellt und soziale Isolation als eine der größten Bedrohungen menschlichen Seins erlebt wird. Trennungsschmerz und Angst vor sozialer Isolation scheinen demnach so stark ausgeprägt zu sein, daß sich die menschliche Natur mit ihrem Überlebenswillen nicht mehr durchsetzen kann.

Der Umgang mit Suizidalität
Von den psychologischen Theorien im engeren Sinne ist der Umgang mit Suizidgedanken bzw. Suizidversuchen abzugrenzen.

Es bleibt dem Individuum unter Umständen viel Spielraum, diese zu bekämpfen, zu verschweigen, anderen kundzutun und sie sogar tendenziös-manipulativ einzusetzen. Hier ist dann die Reaktion der Umwelt auf die Suizidäußerungen und Suizidversuche von großer Bedeutung. Dabei kann sich eine Verhaltenskette in Gang setzen, die entweder zu einer Reduktion oder aber auch zu einer Verstärkung von Suizidgedanken bzw. zur Wiederholung von Suizidversuchen führen kann (Schmidtke und Schaller 1992).

Reduktion oder Verstärkung von Suizidalität wird auch wesentlich von den zusätzlich vorhandenen psychischen Symptomen bzw. Störungen abhängen, wie etwa Depressionen, Panikzuständen, Suchterkrankungen oder Schizophrenien.

VII. Der Suizid als existentielles Problem

1. Philosophen von der Antike bis zur Gegenwart

Der Suizid war von jeher ein Thema für die verschiedensten philosophischen Schulen. Es muß hier ein kurzer Überblick genügen.

Die Philosophenschulen der Kyniker, Stoiker und Epikureer im antiken Griechenland befaßten sich mit dem Suizid. Während Kyniker und Stoiker den Suizid akzeptierten, lehnten ihn die Epikureer ab. Platon (427–347 v. Chr.) verurteilte den Suizid generell, und zwar aus ähnlichen Gründen, wie sie später das Christentum vorbrachte, nämlich die Ehrfurcht eines Menschen vor seinem Leben, das er den Göttern (Gott) zu verdanken hat. Aber Platon gesteht einen Suizid bei unheilbarem Leiden oder einer unabwendbaren Schmach zu („Phaidon"). Aristoteles (384–322 v. Chr.) erklärt im Gegensatz zu Platon, daß der Suizid zwar Unrecht gegen die Gemeinschaft, aber nicht gegen die eigene Person sei („Nikomachische Ethik"). Selbst Seneca († 65 n. Chr.), der mit der Befürwortung des Suizids in Verbindung gebracht wird, ist nicht ohne weiteres für die Berechtigung des Suizids eingetreten. Der Weise lebe nicht so lange wie möglich, sondern so lange, wie es Pflicht sei. Ob man früher oder später sterbe, sei Nebensache, gut oder schlecht zu sterben sei die Hauptsache („Ad Lucilium epistulae morales", „CIV. epistula").

Die Kirche des Mittelalters, repräsentiert durch Thomas von Aquin (1225[6]-1274), verurteilte den Suizid dezidiert („Summa Theologica", II–II). Aber selbst unter der Geistlichkeit gab es Apologetiker des Suizids. Der berühmteste war John Donne (1572–1631), der Dekan von St. Paul's, dessen nachgelassenes Werk mit dem Titel „Biathanatos" 1644 erschienen ist. Er bestritt, daß Suizid ausnahmslos sündig sei, und trat für Mitleid und Verständnis ein (zit. nach Stengel 1964).

Auch bei den Philosophen der Neuzeit besteht keine Einigkeit über die Einschätzung des Suizids. Montaigne (1533–1592) rechtfertigt in seinen „Essays" den Suizid, der in des Menschen

Macht stehe, nicht jedoch der Tod. Spinoza (1632–1677) hingegen lehnte den Suizid ab, da Grundlage der Tugend das Selbsterhaltungsstreben sei und das Glück darin bestehe, daß der Mensch sein Selbst zu erhalten vermag: „Woran in der Welt ein freier Mann am wenigsten denkt, ist der Tod; die Wahrheit ist die Betrachtung des Lebens, aber nicht des Todes" („Opera posthuma").

Selbst in der Aufklärung blieb der Suizid eine umstrittene Handlung. Montesquieu (1689–1755) wendet sich in den „Persischen Briefen" gegen die Verurteilung des Suizids, besonders gegen die schimpfliche Behandlung der Leiche des Suizidenten. Das Leben sei ein Gut; aber ein Gut, das einem geschenkt worden sei, könne man doch zurückgeben. Voltaire (1694–1778) lehnte die damaligen Gesetze über Suizid und Suizidenten ab („Philosophisches Wörterbuch"). Rousseau (1712–1778) nimmt in der „Neuen Héloise" ausführlich Stellung. Wohl gebe es Pflichten gegen andere, die nicht jedem Menschen erlauben, sich zu töten. Wer aber das Leben als Übel empfinde, dürfe es wegwerfen.

Hume (1711–1776) verteidigt in seinem „Essay on Suicide" den Suizid. Wenn Suizid ein Verbrechen sei, so müsse er eine Übertretung unserer Pflichten gegen Gott, gegen unseren Nächsten oder gegen uns selbst sein. Das menschliche Leben hänge von den allgemeinen Gesetzen der Materie und Bewegung ab, und es sei kein Eingriff in das Geschäft der Vorsehung, diese allgemeinen Gesetze zu durchbrechen oder zu ändern. Das Leben eines Menschen habe für das Weltall keine größere Bedeutung als das einer Auster.

Kant (1724–1804) andererseits betrachtete den Suizid als Verstoß gegen den kategorischen Imperativ und gegen die höchsten Prinzipien der Pflicht, die für ihn ein universelles Gesetz war. Der Selbstmord ist „Verletzung einer Pflicht gegen sich selbst" („Die Metaphysik der Sitten").

Kritisch über den Suizid äußern sich auch Philosophen des deutschen Idealismus, Fichte und Hegel. Fichte (1762–1814) wirft die Frage auf, ob man beim Suizidenten schlechthin von Mut oder Feigheit sprechen könne. Da der Suizident alle Zukunft für sich vernichte, könne man ihm nicht eigentlich Mut zusprechen. Selbst wenn es Seelenstärke erfordern sollte, sich zum Sterben zu entschließen, so gehöre weit höhere Seelenstärke dazu, ein Leben voll zu ertragen, und vom Menschen könne nichts Höheres gefordert werden, als daß er ein ihm unerträglich gewordenes Leben dennoch ertrage („Das System der Sittenlehre").

Hegel (1770–1831) fordert, daß sich jeder dem sittlich Ganzen weihe müsse. Wenn der Staat das Leben verlange, so müsse das Individuum es geben. „Aber die Hauptfrage ist: Habe ich ein Recht dazu (mir das Leben zu nehmen)? Die Antwort wird sein, daß ich als dies Individuum nicht Herr über mein Leben bin..." („Grundlagen der Philosophie des Rechts oder Naturrecht und Staatswissenschaft im Grundrisse").

Nietzsche und Schopenhauer waren vehemente Verfechter des Rechts auf Suizid. Friedrich Nietzsche (1844–1900) formulierte in „Also sprach Zarathustra" (1884): „Den freien Tod predige ich Euch, der nicht heranschleicht wie Euer grinsender Tod, sondern der da kommt, weil ich es will."

Schopenhauer (1788–1860) nimmt in seinem Essay „Über den Selbstmord" (1852) seine Position ebenso offensiv wie Nietzsche ein: „Da müssen wir denn hören, Selbstmord sei die größte Feigheit, sei nur im Wahnsinn möglich und dergleichen Abgeschmacktheiten mehr oder auch die ganz sinnlose Frage, der Selbstmord sei ‚Unrecht‘, während doch offenbar jeder auf nichts in der Welt ein so unbestreitbares Recht hat wie auf seine eigene Person und Leben." Die Suizidhandlung wird als eine rational gesteuerte, voll zu verantwortende Tat angesehen, zu der man sich entschließt, „wenn es dahin gekommen ist, daß die Schrecknisse des Lebens die Schrecknisse des Todes überwiegen". Hiermit ist also der Bilanzselbstmord definiert.

In der existentialistischen Philosophie des 20. Jahrhunderts wird eindeutig gegen den Suizid Stellung genommen. Sartre (1905–1980) äußert in „Das Sein und das Nichts" (1943): „Der Selbstmord kann nicht als ein Lebensende angesehen werden, dessen eigene Grundlage ich wäre. Da er Akt meines Lebens ist, verlangt er nämlich selbst nach einer Bedeutung, die nur die Zukunft ihm geben kann; da er aber der letzte meines Lebens ist, verweigert er sich der Zukunft; demnach bleibt er völlig unbestimmt. ... Der Selbstmord ist eine Absurdheit, die mein Leben im Absurden untergehen läßt."

Im „Mythos von Sisyphos" (1942) setzt sich Camus gleich am Beginn der Abhandlung mit dem Suizid auseinander: „Es gibt nur ein wirklich ernstes philosophisches Problem: den Selbstmord. Die Entscheidung, ob das Leben sich lohne oder nicht, beantwortet die Grundfrage der Philosophie. Alles andere – ob die Welt drei Dimensionen und der Geist neun oder zwölf Kategorien habe – kommt erst später. Das sind Spielereien; zunächst heißt es Antwort geben." (S. 9)

„Außerhalb eines menschlichen Geistes kann es nichts Absurdes geben. So endet das Absurde wie alle Dinge mit dem Tode. Es kann aber auch außerhalb dieser Welt nichts Absurdes geben." ... „Das einzig Gegebene ist für mich das Absurde. Das Problem ist: zu wissen, wie man da herauskommt und ob aus diesem Absurden der Selbstmord zu folgern ist. Die erste und im Grund einzige Voraussetzung für meine Untersuchungen ist, gerade das, was mich vernichtet, festzuhalten und infolgedessen das, was ich darin für wesentlich halte, zu respektieren. Ich habe es als eine Gegenüberstellung und als einen pausenlosen Kampf definiert." (S. 31)

„So leite ich vom Absurden drei Schlußfolgerungen ab: meine Auflehnung, meine Freiheit und meine Leidenschaft. Durch das bloße Spiel des Bewußtseins verwandle ich in eine Lebensregel, was eine Aufforderung zum Tode war – und ich lehne den Selbstmord ab" (S. 57). Die Auflehnung gegen das Absurde bedeutet für Camus, sich nicht zu suizidieren.

2. Jean Amérys Diskurs über den Freitod

Jean Améry hat sich in seinem Essay „Hand an sich legen. Diskurs über den Freitod" (1976) intensiv mit der Suizidproblematik aus nihilistischer und aus stark biographisch geprägter Sicht befaßt. Jean Améry suizidierte sich zwei Jahre nach Erscheinen seines Buches. Er geht davon aus, daß der Suizid eines Menschen seine freie Willensentscheidung ist; deswegen benutzt er auch statt der Begriffe „Selbstmord" und „Suizid" den Begriff „Freitod".

Sein Essay gliedert sich in fünf Kapitel mit folgenden Überschriften: „Vor dem Absprung", „Wie natürlich ist der Tod?", „Hand an sich legen", „Sich selbst gehören" und „Der Weg ins Freie".

Die Situation vor dem Absprung (erstes Kapitel) ist nach Améry für alle Suizidenten gleich, egal ob es sich nach der herrschenden psychologischen oder psychiatrischen Lehrmeinung um eine Autoaggression, einen ödipalen Konflikt, soziale Isolation, narzißtische Neurose, epileptische Disposition oder hysterische Theatralik handelt. „Der Moment vor dem Absprung macht alle Unterschiede irrelevant und stellt eine aberwitzige Realität her." (S. 26) Selbst wenn der Suizident nach erfolgreicher Therapie das Leben als schön empfindet, so beweist dies nach Améry nichts, denn „die Suizidenten sind *andere* Menschen geworden, nicht aber, daß sie bessere, würdigere wurden". (S. 26) ... „Jeder zeitliche Abschnitt unserer Existenz, ja de facto jeder Moment (hat) seine eigene Logik und eigene Ehre." (S. 22/23)

Nach Améry steht der Mensch „vor dem Absprung gleichsam noch mit einem Bein in der Logik des Lebens, mit dem anderen aber in der widerlogischen Logik des Todes"... „Die Logik ist aber die Logik des Lebens, während der Suizid die Fesseln reiner wie praktischer Vernunft sprengt." (S. 30)

In dem Kapitel „Wie natürlich ist der Tod?" zweifelt Améry die Unterscheidung zwischen natürlichem und widernatürlichem Tod an: Ob es nun der Tod eines jungen Menschen ist, der, von seinem Vater belohnt für ein bestandenes Examen mit einem hübschen Sportwagen, durch Unvorsichtigkeit aus der Kurve getragen wird und verstirbt, oder ob ein Greis im Alter von 90 Jahren sanft dahingeht, nachdem ihm das Gedächtnis den Dienst verweigert hat. Zwischen diesen beiden extremen Beispielen, so Améry, dehnt sich eine Skala ganz anderer Beispiele aus, die uns an der Unterscheidung zwischen natürlichem und un- bis widernatürlichem Tod zweifeln machen. Im Grunde sei der Tod niemals natürlich, vor allem für den Bedrohten nicht, sofern dieser noch halbwegs seiner Sinne mächtig sei, und so auch der Freitod nicht. (S. 46)

Améry führt, sich auf Jean Baechlers Buch „Les Suicides" (1975) stützend, zwei Begriffe ein, die ihm für das Verständnis des Selbstmordes wesentlich erscheinen: Humanität und Dignität. Der Freitod sei etwas spezifisch und universell Menschliches, ein essentieller Aspekt der *condition humaine*: „Daß der Suizid", so Baechler, „die Freiheit, die Dignität, das Recht auf Glück erhärtet, scheint mir aus den Fakten mit Evidenz herauszutreten." ... „Die Gesellschaft lehnt diesen zunächst aus Gründen der Arterhaltung, in unsrer Zivilisation aber auch unter religiösen und ethnischen Vorzeichen ab. Demgegenüber beharrt das Subjekt auf seinem Recht zum Freitod. Es bekräftigt ein letztes Mal seine Dignität – und nach ihm die Sintflut." (S. 54/55)

Améry betont allerdings, daß der Freitod dem Suizidenten nur augenblickweise natürlicher als der sozial akzeptierte natürliche Tod sei. Dem Suizidenten werde aber die Freiheit genommen, wenn er zum kranken Menschen erklärt werde. „Der Depressive oder der Melancholiker, für welchen die Vergangenheit unwürdig, die Gegenwart schmerzhaft, die Zukunft nicht existent sind, wie der Fachmann seinen Zustand beschreibt, ist so wenig krank wie der Homoerotiker." (S. 65) „Mir scheint nur nach allem, was ich gelesen und selber erfahren habe, daß die Grenzen von psychischer (und, beiläufig, körperlicher) Gesundheit gegen den Bereich der Krankheit stets willkürlich und nach dem jeweils in Geltung stehenden Bezugssystem der Gesellschaft gezogen werden." (S. 64)

Da es dem Menschen nicht gegeben ist, über sein Leben bestimmen zu können, da der Mensch eines Tages nicht mehr leben muß, sondern nicht mehr leben darf, kann jeder sein Leben selbst beenden. „Aber nicht leben dürfen: Dies wird Gebot dort, wo Dignität und Freiheit der Widernatur des Lebens zum Tode, des Lebens im échec (Scheitern) das Unwesen verbieten." (S. 69)

In dem Kapitel „Hand an sich legen" befaßt sich Améry mit dem Akt, der Handlung des Sich-selbst-Tötens.

Diesen Akt des Hand-an-sich-Legens sieht Améry keineswegs als etwas Leichtes: „Wird dieser (der Suizid) aber ins Werk gesetzt, dann ist das Entsetzen vor der Leere, ist der horror vacui angesichts des Rätsels Ich wohl scheußlich präsent, wird aber eingeschlungen von der baren Todesangst, dem ganz außerpersönlichen, verzweifelten Widerstreben der biologischen Natur. Wir sind allemal vor dem Suizid das ohren- und herzzerreißend quäkende Ferkel, das man zur Schlachtbank zerrt. Der Griff mit der Linken, die Kehle zu spannen, während die Rechte das Rasiermesser ansetzt. Aufschmettern des Kopfes auf dem Asphalt. Würgen des Strickes um unseren Hals. Brennen und Detonation des Schusses an unserer Schläfe. Was aber wieder nicht heißt, es könnte nicht zugleich, wenn wir Hand an uns legen, wenn unser Ich sich im Selbstauslöschen verliert und sich – vielleicht zum ersten Mal – total verwirklicht, ein nie zuvor gekanntes Glücksgefühl dasein. Denn jetzt hat es ein Ende mit dem Existieren, dem ex-sistere." ... „Wenn erst der Abiturient sich sagt, es geht jetzt ohnehin alles schief, aber mich wird es nicht mehr betreffen, ich pfeife auf die Schule und auf das Leben, für das man angeblich sich abplackt, dann zieht ein großer Friede in sein Gemüt ein." (S. 78/79)

Im Kapitel „Sich selbst gehören" möchte Améry geklärt wissen, daß der Freitod anerkannt wird als das, was er ist: ein *freier* Tod. „Soweit ich blicke, ich sehe nirgendwo – mit den quantitativ geringfügigen Ausnahmen philosophischer Schulen oder philosophierender Individuen (Epikur, Seneca, Diderot) –, daß der Freitod anerkannt würde als das, was er ist: ein *freier* Tod und eine hochindividuelle Sache, die zwar niemals ohne gesellschaftliche Bezüge vollzogen wird, mit der aber letztlich der *Mensch mit sich ‚allein‘ ist, vor der die Sozietät zu schweigen hat.*" (S. 102/103)

„Wir sind über das, wie mir scheint, inhumane geistige Entwicklungsstadium, das den Suizid mit dem Bannfluch belegte, noch immer nicht hinausgelangt. Nur daß, wo einst religiöse Gebote und Verbote so verbindlich waren, daß der Freitod als Verbrechen angesehen war oder wo die Gesellschaftsordnung unverschämt (und doch ehrlich) genug war, einzugestehen, es gehe ihr nur um das *Material* Mensch, um die Arbeitskraft, so daß also Suizidäre des Sklavenstandes durch schreckliche Strafandrohung von der Durchführung ihres Vorhabens abgeschreckt wurden, heute Soziologie, Psychiatrie und Psychologie, bestallte Träger der öffentlichen Ordnung, den Freitod behandeln, wie man eine Krankheit behandelt." (S. 103)

Während die Suizidologie den Selbstmordversuch als einen Hilfeschrei ansieht, faßt Améry ihn als *Botschaft* auf. „Der Mensch gehört sich wesentlich selbst. Mit dem Aufhören der Welt durch den Tod wird das Sich-selbst-Gehörende des Suizidenten bestätigt." ... „Diese (Botschaft), die nicht hingeschrieben, nicht herausgeschrien, durch keinerlei Zeichen bestimmt werden muß, vielmehr auch im schweigenden Akt auf den Weg gegeben wird, bedeutet, daß wir selbst im Moment des Übertritts, wo wir der Lebenslogik und der Seinsforderung schon Absage getan haben, mit einem Teil unserer Person noch immer und bis zum letzten Aufflackern des Bewußtseins mit dem *Anderen* zu tun haben." (S. 112)

Im letzten Kapitel, „Der Weg ins Freie", wird der Suizid von Améry als ein Akt der Befreiung gesehen: „Das Projekt (Suizid), es sei als solches mir bewußt oder sei nur ein unartikuliertes Verlangen, hat den Vorrang; und jede Freiheit *von* meint Freiheit *zu*." ... „Aber der Freitod ist da und nimmt uns heraus, erlöst uns vom Sein, das hart ward, und vom ex-sistere, das nur noch Angst ist." ... „Er ist *Libertät* als deren äußerste und letzte uns erreichbare Gestalt." (S. 131/132)

Améry betont aber auch, daß nur eine verschwindend kleine Anzahl von Menschen diesen „Seinsekel" zu spüren bekommt und daß es nur eine kleine Anzahl von „präsuizidalen" Situationen gibt, die nicht von einer erdrückenden Mehrheit gemeistert werden. Dies würde von Psychologen und Psychiatern als der schlagende Beweis für die Unfreiheit des Freitodes gewertet. Darin sieht jedoch Améry einen logischen Irrtum, nämlich den, daß Weiterleben, wie auch immer, das Rechte sei.

Mit Blick auf die Lebenssituation des KZ-Häftlings, der es nicht wagt, an den Draht zu laufen: „Lebensaufforderung ist hier – und nicht hier allein – Forderung, einem Leben ohne

Würde, Menschlichkeit und Freiheit zu entrinnen. So wird der Tod zum Leben, als wie das Leben von der Geburt an schon Sterben ist." (S. 154)

Dieser Versuch, in wenigen Zitaten den Inhalt des Buches wiederzugeben, muß unvollständig bleiben, denn ich konnte nur einzelne Aspekte herausgreifen, die mir für die Frage des Suizides als existentielles Problem wesentlich erscheinen.

Aus Amérys „Diskussion über den Freitod" lassen sich folgende Thesen ableiten:

1. Der Suizid ist eine Möglichkeit des menschlichen Seins und nur dem Menschen eigen.

2. Im Suizid verwirklicht sich die höchste Form menschlicher Freiheit.

3. Der Suizid bewahrt dem Menschen Humanität, Würde und Freiheit, denn er bewahrt ihn vor einem inhumanen, unwürdigen und unfreien Leben.

4. Die Entscheidung zum Suizid ist entgegen der Meinung der Psychiater und Psychologen eine freie Entscheidung. Die Grenzen von psychischer Gesundheit gegen den Bereich der Krankheit sind fließend und der Willkür der Grenzziehung durch die Psychologie, Psychiatrie als Vertreter der herrschenden Gesellschaft ausgesetzt.

5. Im Augenblick vor Begehen des Suizids sind alle Suizidenten gleich unabhängig von ihrer Biographie.

6. Auch wenn der Suizident nach erfolgreicher Therapie das Leben als lebenswert empfindet, so ist er nicht mehr derselbe Mensch wie vor dem Suizidversuch. Er hat sich der Erwartung der Gesellschaft angepaßt und ist wieder zur Logik des Lebens zurückgekehrt.

7. Mit dem Suizid ist das Dogma, daß das Leben der Güter höchstes ist, aufgehoben. Der Tod steht gleichberechtigt neben dem Leben.

8. Der Suizid ist der Ausdruck der absoluten Individualität, des Sich-selbst-Gehörens, und kann Ausdruck der absoluten Identität sein.

VIII. Prävention

Wie schon im Kapitel IV „Epidemiologie" erwähnt, sind präventive Maßnahmen im Bereich der Medizin zumeist wesentlich wirksamer als therapeutische Maßnahmen. Besonders eindrucksvoll ist dies zu sehen bei der Bekämpfung von Infektionskrankheiten. So konnten z.B. durch die Pockenschutzimpfung die Pocken weltweit nahezu ausgerottet werden, während die Medizin der Behandlung der manifesten Pockeninfektion hilflos gegenübersteht und viele Pockenkranke sterben. Es besteht auch kein Zweifel, daß eine konsequente Aufklärung der Öffentlichkeit über die Schädlichkeit des Rauchens zu einer deutlichen Einschränkung des Zigarettenkonsums in den westlichen Staaten, vor allem in den USA, geführt hat. Die Folge ist ein erheblicher Rückgang an Lungenkrebs, welcher sich außerordentlich schlecht behandeln läßt und in hohem Prozentsatz zum Tode führt. Zu hoffen wäre also auch, daß durch präventive Maßnahmen ein Rückgang der Suizidraten zu erreichen ist.

Die Prävention psychischer Störungen kann man in Primär-, Sekundär- und Tertiärprävention einteilen (Caplan 1964).

Primärprävention im Sinne der Generalprävention: Darunter versteht man zunächst wie in der somatischen Medizin die Verhütung des Erstausbruchs einer Erkrankung in der Bevölkerung. Nach neueren Definitionen (WHO 1973) gehen die Ziele der Primärprävention psychischer Störungen aber darüber hinaus. Sie beinhalten eine Verbesserung der Lebensqualität, eine Reform sozialer und gesellschaftlicher Strukturen und eine Förderung der Toleranz der Gesellschaft für individuelle Lebensformen.

Sekundärprävention im Sinne der Individualprävention: Damit ist die Verhütung von Rückfällen des Individuums gemeint.

Tertiärprävention im Sinne der Individualprävention: Darunter versteht man die Verhütung von Rückfällen und weiteren ungünstigen Spätfolgen für das Individuum.

Sekundär- und Tertiärprävention überschneiden bzw. decken

sich weitgehend mit therapeutischen und rehabilitativen Maßnahmen.

1. Primärprävention

Primärprävention im Suizidbereich bedeutet Verhütung von
erstmaligen Suizidversuchen und von Suiziden. Dabei wird zwischen strukturellen und kommunikativen Maßnahmen unterschieden.

Strukturelle Maßnahmen
Darunter werden ganz allgemein Maßnahmen verstanden, die
der Eindämmung und Ausschaltung von der Gesellschaft und
ihren Trägern geförderter Suizidtendenzen dienen. An erster
Stelle steht hier die Verbesserung der psychologisch-psychiatrischen Versorgung in der Bevölkerung ganz allgemein.

Als eine Form der Primärprävention können auch das Verbot
und die strafrechtliche Ahndung von Suizidversuchen bzw. Suiziden gelten. Bei der Betrachtung der Suizidziffern von europäischen Staaten des 19. und 20. Jahrhunderts mit strengerer und
liberalerer Handhabung des Verbots bzw. einer Aufhebung des
Suizidverbotes ist eine unterschiedliche Häufigkeit bzw. ein Ansteigen der Häufigkeit aber nicht zu erkennen. Eine strafrechtliche Verfolgung von Suizidenten scheint demnach keine präventive Wirkung zu haben.

Soweit die epidemiologischen Daten einzelner Staaten die
Hypothese Durkheims über den anomischen und egoistischen
Suizid stützen, wäre auch eine Primärprävention im Rahmen
der Veränderung gesellschaftlicher und politischer Strukturen
grundsätzlich theoretisch vorstellbar. Da sich die Geschichte
aber nahezu jeder Voraussagbarkeit entzieht, erscheint eine
Prävention in diesem Bereich unmöglich. Die auffälligste Reduktion von Suiziden bei Betrachtung von säkularen Trends
gibt es in Kriegszeiten, was ja nun wahrlich kein erstrebenswer-
tes Ziel jeglicher Prävention sein kann.

Die Änderung von Grundeinstellungen, die sich im Laufe der
letzten Generationen speziell in Mitteleuropa vollzogen hat,

kann jedoch sehr wohl als suizidpräventiver Faktor gelten: z.B. Änderung der Einstellung zur unehelichen Schwangerschaft, zu Partnerkonflikten, zum Leistungsversagen (Schülersuizide wegen schlechter Zeugnisse) und Ablehnung von Fremdenhaß.

Mehr Erfolg verspricht dagegen die Eindämmung von Suiziden, indem man gewisse Suizidmethoden erschwert oder unmöglich macht, was auch als *closing the exits* bezeichnet wird. Eindrucksvolles Beispiel ist hier die Beobachtung Kreitmans (1976), daß die zunehmende Entgiftung des englischen Hausgases in den 60er Jahren über längere Zeiträume zu einem deutlichen Abfall der Suizidraten in England und Wales – ohne kompensatorischen Anstieg – führten. In die gleiche Richtung geht die Beobachtung von Lester und Murrell (1982), daß die US-Bundesstaaten mit einer strengeren gesetzlichen Kontrolle von Handfeuerwaffen, der häufigsten Methode in den USA, eine niedrigere Suizidrate aufwiesen als die Staaten mit liberalerer Kontrolle.

Kommunikative Maßnahmen

Darunter werden ganz allgemein Maßnahmen verstanden, die den Widerstand des Individuums gegenüber suizidalen Tendenzen erhöhen. Dies kann durch eine verbesserte Aufklärung der Allgemeinbevölkerung und der Fachleute erreicht werden.

Bei der *Verbesserung der Aufklärung der Allgemeinbevölkerung* über Hintergründe, Entstehungsbedingungen, Erkennen von Suizidalität sowie über Umgang mit suizidalen Personen besteht zweifellos ein großer Nachholbedarf durch die Tabuisierung dieses Themas. Von einer Reihe psychologischer Autopsiestudien wissen wir, daß 20 bis maximal 50% der Personen, die sich suizidieren, zuvor einen Suizidversuch unternommen haben (Dorpat und Ripley 1967; Kreitman 1986), 34% Suizidandeutungen gemacht und 55% über Tod, Sterben oder Suizid kurz vor ihrem Suizid gesprochen haben (Barraclough et al 1974). Hier ist also die Information und Aufklärung der Öffentlichkeit durch die Massenmedien gefordert.

Daß deren Einschaltung nicht unproblematisch ist, konnten

allerdings einige empirische Studien zeigen: Nach der Eröffnung der Untergrundbahn der Stadt Wien im Jahre 1980 erfolgten dort auch Suizide und Suizidversuche, die zwischen 1984 und 1987 dramatisch anstiegen. Nach 1987 kam es zu einem plötzlichen Absinken der Suizid- und Suizidversuchszahlen um 75%. Die konstante Abnahme begann zu dem Zeitpunkt, als die Massenmedien in Wien aufhörten, über U-Bahn-Suizide zu informieren (Sonneck et al. 1992).

Konnte man in Wien noch davon ausgehen, daß reißerisch über die U-Bahn-Suizide berichtet wurde, so ist der hier schon im Kapitel „Entstehungstheorien" beschriebene Film „Tod eines Schülers" im Zweiten Deutschen Fernsehen keineswegs reißerisch gewesen und hatte dennoch zu einer Zunahme der Eisenbahnsuizide vor allem in den nach Alter und Geschlecht dem fiktiven Modell am nächsten stehenden Gruppen der Bevölkerung geführt (Schmidtke und Häfner 1986).

Die Tatsache, daß Suizide und Suizidversuche meistens mit anderen psychiatrischen Symptomen und Syndromen einhergehen, wie etwa Depression, Angst und Suchtverhalten, macht eine Aufklärung der Allgemeinbevölkerung über diese klinischen Phänomene unbedingt erforderlich.

Ebenfalls besteht ein Nachholbedarf an Aufklärung für *Fachleute*, die mit Suizidenten beruflich zu tun haben (Ärzte, Psychologen, Sozialarbeiter), ferner Studenten, insbesondere der Medizin, Psychologie, Sozialpädagogik, Pädagogik, Publizistik, Jurisprudenz. Das bisherige Angebot an Vorlesungen und Lehrbüchern auf dem Gebiet der Suizidologie ist unzureichend.

2. Sekundärprävention

Sekundärprävention im Suizidbereich bedeutet die Verhinderung von Suiziden und Suizidversuchen von Personen mit vorausgehenden Suizidintentionen und suizidalem Verhalten.

Nach dem Zweiten Weltkrieg kam es zu einem lebhaften Aufschwung der Suizidprävention, bedingt vor allem durch die Arbeit Ringels (1953) über Suizidenten, die in diesem Buch schon ausführlich beschrieben wurde. Da Ringel den Suizid bzw. Suizidversuch als Abschluß einer krankhaften Entwicklung ansah, die unterbrochen oder in andere Bahnen gelenkt werden kann, war es nur konsequent, 1948 in Wien die erste „Lebensmüdenfürsorge" zu gründen, welche in den folgenden Jahren ausgebaut wurde und schließlich in die Institutionalisierung des Kriseninterventionszentrums mündete.

Institutionen zur Sekundärprävention lassen sich trennen in Laienorganisationen und in gemischt professionelle und Laienorganisationen. Es handelt sich um Telefondienste, Samaritans und Suizid-Präventions-Zentren.

Telefondienste sind Einrichtungen, bei denen Personen in einer suizidalen Krise anrufen können, um Hilfe, einen Ratschlag oder auch eine Weiterverweisung zu erhalten. Freiwillige Mitarbeiter werden im Umgang mit den Anrufern ausgebildet. Die Telefonseelsorge ist bereits 1895 von Rev. Warren in New York gegründet worden. In den deutschsprachigen Ländern hat sich seit den 50er Jahren die Telefonseelsorge als eine von den Kirchen getragene Institution zur telefonischen Beratung in Krisensituationen entwickelt. In der Folgezeit kam es in vielen größeren Städten der Bundesrepublik zu Neugründungen solcher telefonischen Beratungszentren. In ehrenamtlicher Tätigkeit bieten überwiegend Laien einen 24-Stunden-Service an. Allerdings wendet sich offensichtlich nur ein kleiner Kreis von Personen dezidiert wegen Suizidgedanken an die Telefonseelsorge, ca. 3–5% (Möller et al. 1986).

In der Untersuchung von Möller et al. (1986) wurden die Daten aus einem Beobachtungszeitraum von 15 Jahren vor und sieben Jahren nach Wirkungsbeginn der Telefonseelsorge analysiert. Insgesamt wurden 25 Städte mit Einwohnerzahlen über 100000 in die Untersuchung aufgenommen. Ein suizidprophylaktischer Effekt konnte in dieser Untersuchung wie auch in nordamerikanischen Untersuchungen nicht nachgewiesen werden (Trowell 1979).

Samaritans wurden 1953 von dem Theologen Chad Vah in London gegründet. Allein in Großbritannien gibt es in jeder

Stadt mit über 70 000 Einwohnern ein Büro, das rund um die Uhr besetzt ist und durch Spenden finanziert wird. Die Mitarbeiter bestehen aus Laienhelfern, die in Kurzlehrgängen geschult werden. Das therapeutische Prinzip der Mitarbeiter ist das *befriending*, d.h., der Suizidgefährdete erhält einen Begleiter, der sich ihm gegenüber verantwortlich fühlt und versucht, ihn zu verstehen sowie vorhandene Familienmitglieder und andere wichtige Bezugspersonen mit einzubeziehen (Weis 1981).

In empirischen Studien konnte nachgewiesen werden, daß die Klientel der Samaritans eher den Personen gleicht, die einen Suizidversuch machen als denen, die sich suizidieren (Chowdhury und Kreitman 1971). Empirische Untersuchungen ergaben auch, daß eine Häufigkeitszunahme der Klienten der Samaritans in einer Stadt keinen Einfluß auf die Suizidversuchsrate hatte (Holding 1974) und es keine Unterschiede zwischen den Städten mit und ohne Büros der Samaritans gab, was die Suizidrate betrifft (Barraclough et al. 1977).

Suizid-Präventions-Zentren wurden seit Ende der 50er Jahre zunehmend vor allem in den USA gegründet. Sie werden von Laien und Professionellen geführt. Nach Farberow (1969) können drei Arten von Suizid-Präventions-Zentren unterschieden werden:
— Eigenständig arbeitende Zentren, die der Suizidverhütung dienen und in enger Verbindung mit anderen psychosozialen Institutionen stehen;
— Suizid-Präventions-Zentren, die in schon bestehende Institutionen integriert sind. Solche Institutionen können Heilanstalten, psychiatrische Kliniken usw. sein;
— Community-Mental-Health-Centers, in denen verschiedene Disziplinen und Hilfsdienste zusammenarbeiten. Die wesentliche Tätigkeit solcher Zentren besteht in einem Bereitschaftsdienst für Notfälle, worunter auch die Suizidverhütung fällt. Es handelt sich hierbei um eine Krisenintervention, die so lange erfolgt, bis der Patient wieder normal reagieren kann.

Lester (1974) verglich in den USA die Suizidraten in Großstädten mit Suizid-Präventions-Zentren mit der Häufigkeit von Suiziden in Großstädten ohne diese Institutionen. Er kam zu dem Schluß, daß die Suizid-Präventions-Zentren keine signifikante Auswirkung auf die Suizidrate in ihrem Einzugsgebiet haben. Weiner (1969) untersuchte in Los Angeles die Veränderung der Suizidrate vor und nach der Gründung des dortigen Suizid-Präventions-Zentrums. Die Ergebnisse zeigten sogar einen Anstieg der Suizidrate seit der Gründung dieses Zentrums, was gegen eine Wirksamkeit spricht.

Man kann also zusammenfassend sagen, daß für die Sekundärprävention bis jetzt kein Wirksamkeitsnachweis erbracht werden konnte. Kurz und Möller (1984) weisen jedoch auf methodische Probleme dieser Evaluationsstudien hin:

- Die Ähnlichkeit der miteinander verglichenen geographischen Regionen in bezug auf alle für die Suizidrate relevanten Merkmale ist eine praktisch unerfüllbare Bedingung.
- Die Voraussetzung einer scharfen regionalen Begrenzung suizidprophylaktischer Einrichtungen ist vielfach unrealistisch.
- Die statistische Beziehung (Korrelation) zwischen der Versorgungseinrichtung und der Suizidrate darf nicht ohne weiteres kausal interpretiert werden. Andere Gründe für die Veränderung von Suizidraten könnten die Ergebnisse beeinflußt haben, z.B. säkulare Trends, Strukturwandel der Region etc.

Auf die *tertiäre Prävention*, nämlich die Verhütung von erneuten Suizidversuchen und weiteren ungünstigen Spätfolgen, wird im nächsten Kapitel „Therapie" eingegangen.

IX. Therapie

Der Übergang von Prävention zu Therapie von Suizidalität ist fließend. Bei der Beschreibung der Kriseninterventionszentren wurde schon deutlich, daß einmal die Teams aus Laienhelfern und professionellen Helfern zusammengesetzt sind und es zum anderen nicht dabei bleibt, einen drohenden Suizidversuch zu verhindern, sondern die Patienten werden *nach* einem solchen Ereignis betreut.

Professionelle Hilfe und die Behandlung *nach* einem Suizidversuch sollen neben der Verhütung eines weiteren Suizidversuchs als Kriterien für Therapie gegenüber Prävention von Suizidalität dienen.

Es ist zweckmäßig, bei der Therapie von Suizidalität zu unterscheiden zwischen aktueller Krisenintervention und psychiatrisch-psychotherapeutischer Behandlung, zwischen Pharmakotherapie, Psychotherapie und sozialtherapeutischen Maßnahmen sowie speziellen Einrichtungen zur Behandlung von Suizidpatienten.

1. Krisenintervention

Zentral ist hier die Herstellung einer hilfreichen Beziehung. Sie umfaßt dabei Aspekte von Fürsorge und Schutz, Klärung von Konflikten, medizinische Versorgung, Diagnosestellung und Therapie einer zugrundeliegenden psychiatrischen Störung (Wolfersdorf 1993).

Fürsorge und Schutz bedeuten vornehmlich Schutz des Lebens des Suizidenten, d. h. eine akute medizinische Versorgung. Dies kann beinhalten eine Aufnahme auf eine internistische Intensivstation zur Entgiftung oder eine Überweisung in eine chirurgische Nothilfe zur operativen Versorgung oder auf eine geschlossene psychiatrische Station bei weiterbestehender akuter Suizidgefahr. *Diagnosestellung* betrifft vor allem die Abklärung einer psychiatrischen Störung, wie etwa Depression, Panikstörung, Suchterkrankung, Schizophrenie. *Klärung von*

aktuellen Konflikten beinhaltet z. B. Klärung von Partner-
schaftskonflikten oder Eltern-Kind/Jugendlichen-Konflikten.
Therapie der zugrundeliegenden psychiatrischen Störungen bezieht sich z. B. auf Depression, Panikstörung, Suchterkrankung,
Schizophrenie.

Man kann zwischen psychotherapeutischer und psychiatrischer Krisenintervention unterscheiden.

Bei der *psychotherapeutischen Krisenintervention* empfiehlt
sich folgendes Vorgehen (Sonneck 1985):

— Akzeptieren des suizidalen Verhaltens als Notsignal
— Verstehen der Bedeutung und subjektiven Notwendigkeit
  dieses Notsignals
— Bearbeitung der gescheiterten Bewältigungsversuche
— Aufbau einer tragfähigen Beziehung
— Wiederherstellen der wichtigsten Beziehungen
— Gemeinsame Entwicklung alternativer Problemlösungen
— Gemeinsame Entwicklung alternativer Problemlösungen
  auch für künftige Krisen
— Kontaktangebot als Hilfe zur Selbsthilfe

Der allerwichtigste Punkt ist dabei der Aufbau einer tragfähigen Beziehung, d. h., daß sich der Therapeut auf die Beziehung
zum Suizidgefährdeten einläßt oder dafür sorgt, daß dieser eine
weiterführende Betreuung erhält. Suizidale Patienten neigen dazu, ihnen angebotene Hilfe nicht wahrzunehmen oder abzuleh-
nen, und zwar um so häufiger, je größer der zeitliche Abstand
zwischen dem Suizidversuch und dem therapeutischen Angebot
ist (Möller 1989).

In mehreren Studien hat die Arbeitsgruppe von Hans-Jürgen
Möller verschiedene Strategien der Nachsorge von Suizidpatienten getestet. Die Ergebnisse dieser Studien können wie folgt
zusammengefaßt werden (Möller 1989): Die Inanspruchnahme
von Nachbetreuungseinrichtungen kann oft schon dadurch erreicht werden, daß der erstbehandelnde Arzt mit der Nachbe-
treuungseinrichtung einen festen Termin vereinbart oder darauf achtet, daß der Patient einen solchen Termin ausmacht.
Noch besser wird die Nachbetreuung akzeptiert, wenn sie vom
erstbehandelnden Arzt übernommen wird. Hingegen scheint

die Einschätzung der Therapiemotivation des Suizidpatienten durch den erstbehandelnden Arzt wenig Aussagekraft zu besitzen, d.h., er kann nur schwer abschätzen, welcher Patient das Hilfsangebot wirklich annimmt. Die Folge ist eine konsequente Motivation *aller* Patienten zur Nachbetreuung.

Bei der *pharmakologischen Krisenintervention* werden folgende Medikamenten-Gruppen angewandt (Wolfersdorf 1992):

Antidepressiva (Stimmungsaufheller): Aufhellung depressiver Herabgestimmtheit, Angstlösung, Dämpfung von Unruhe, Auflösung von Hemmung, Verbesserung von Antrieb, Auflösung von gedanklicher Einengung, Verbesserung von Schlaf, Appetit, Libido.

Neuroleptika (Mittel gegen Psychosen): Besserung von Wahn, Beziehungsideen, Halluzinationen, Angstlösung, Dämpfung von Unruhe, Auflösung von Hemmung, Verbesserung von Antrieb, Verbesserung von Schlaf, Appetit, Libido.

Tranquilizer (Beruhigungsmittel): Entspannung, Beruhigung, Angstlösung, Herbeiführung von Schlaf, emotionale Distanzierung, Dämpfung depressiven oder auch psychotischen Erlebens, Muskelentspannung.

Antidepressiva, Neuroleptika und Tranquilizer haben dabei unterschiedliche Aufgaben beim akut Suizidalen. Tranquilizer sollen eine vorübergehende Beruhigung und Entspannung, eine Angstlösung, eine emotionale Distanzierung des Suizidalen ermöglichen. Sie können hierbei von niederpotenten (schwach wirksamen) Neuroleptika unterstützt werden. Ausgeprägte depressive Verstimmungen sollten zusätzlich mit Antidepressiva behandelt, psychotische Erlebnisformen wie Wahn oder Halluzinationen durch hochpotente (stark wirksame) Neuroleptika angegangen werden.

Bei der pharmakologischen Behandlung ist immer darauf zu achten, daß die Patienten die Medikamente nicht für einen erneuten Suizidversuch sammeln, d.h., die Gabe für einen oder wenige Tage unter engmaschiger Kontrolle des Therapeuten ist notwendig.

2. Psychiatrisch-psychotherapeutische Behandlung

Wie kann nun eine längerfristige Behandlung eines Suizidgefährdeten aussehen?

Wird im Rahmen der Krisenintervention die Diagnose einer Depression, Panikstörung, Suchterkrankung oder Schizophrenie gestellt, muß zunächst die Frage einer medikamentösen Behandlung beantwortet werden.

Medikamentöse Behandlung

Grundsätzlich ist eine depressive Störung, wenn sie einen gewissen Schweregrad erreicht hat, medikamentös mit Antidepressiva zu behandeln. Dies nicht nur wegen der vielfach nachgewiesenen Wirksamkeit von Antidepressiva, sondern auch wegen der eindeutigen Reduktion von Suizidideen bei Besserung der depressiven Störung (Avery und Winokur 1978). Auf keinen Fall darf außer acht gelassen werden, daß nicht wenige – schwer – Depressive erst aufgrund des äußerst quälenden Zustandes einer Depression suizidal werden. Angstzustände, insbesondere Panikattacken, können mit Antidepressiva ebenfalls gut behandelt werden.

Antriebssteigernden Antidepressiva (mit einer ausgeprägten Noradrenalin-Wiederaufnahme-Hemmung) und in letzter Zeit auch Antidepressiva mit einer fast ausschließlichen Serotonin-Wiederaufnahme-Hemmung wird eine suizidalitätsfördernde Wirkung zugeschrieben. Diese Eigenschaft gewisser Antidepressiva-Gruppen wurde allerdings mehr in Einzelfällen beobachtet als in systematischen Studien bestätigt und bleibt weiterer wissenschaftlicher Überprüfung vorbehalten (Möller 1992a).

Zu berücksichtigen ist auch, daß Antidepressiva von diesen Patienten mit akuter Suizidalität als Suizidmethode angewandt werden und ein höheres tödliches Potential aufweisen als z.B. Tranquilizer. Aufgrund des unterschiedlichen Wirkungsspektrums einzelner Stoffklassen der Antidepressiva empfiehlt es sich, Antidepressiva zu verwenden, die sedierende (dämpfende) und geringer ausgeprägte Nebenwirkungen haben. Wenn die sedierende Wirkung nicht ausreicht, sollten zusätzlich stärker sedierende Medikamente wie niederpotente Neuroleptika bzw. Tranquilizer gegeben werden (Wolfersdorf 1992).

Durch eine Prophylaxe mit Lithium ist in den meisten Fällen bei periodisch auftretenden Depressionen und bei manisch-depressiven Störungen ein Verschwinden oder eine deutliche Abschwächung der Grunderkrankung zu erreichen. Mit dem Ausbleiben der Depressionen scheint sich das Suizidrisiko zu verringern. Denkbar ist auch eine direkte antisuizidale Wirkung von Lithium im Sinne einer Dämpfung von Impulsivität und Aggressivität (Müller-Oerlinghausen et al. 1992).

Bei dem Vorliegen einer Suchterkrankung ist zunächst zu klären, ob der Suizident von dem Suchtmittel körperlich entzogen ist; denn der körperliche Entzug, zumeist mit speziellen Medikamenten, ist die entscheidende Maßnahme zur Eindämmung von Suizidalität. Die Motivierung zu einem körperlichen Entzug und zu einer ambulanten oder stationären Entwöhnungs-behandlung im Anschluß daran ist weitere Aufgabe des Therapeuten (Bronisch 1992 c).

Liegt eine akute schizophrene Störung mit Wahn, Halluzinationen und Denkstörung vor, so ist die Gabe von antipsychotisch wirksamen Medikamenten (hoch- und niederpotente Neuroleptika) die Behandlungsmethode der Wahl. In vielen Fällen kommt es dann zu einem Abklingen der Suizidalität. Auch hier empfiehlt es sich, wie bei der Behandlung von depressiven Patienten, zusätzlich sedierende (dämpfende) Medikamente wie Tranquilizer und beim Vorliegen einer depressiven Verstimmung Antidepressiva zu geben.

In neuerer Zeit, belegt bis jetzt nur durch eine einzige empirische Studie, wird auch bei chronisch suizidalen Patienten ohne ausgeprägte depressive Störungen oder Schizophrenie die Gabe von Depot-Neuroleptika empfohlen (Montgomery et al. 1983).

Psychotherapeutische Behandlung

Die psychotherapeutische Behandlung von suizidgefährdeten Patienten erfolgt vornehmlich in Einzeltherapie, ist aber auch im Rahmen von Gruppentherapien möglich. Die für den Suizid-gefährdeten so wichtige Einbeziehung des sozialen Umfeldes kann auch eine Partner- oder Familientherapie beinhalten.

Trotz der Vielfalt und der Vermischung der psychotherapeutischen Verfahren lassen sich zwei Hauptströmungen psychotherapeutischer Methoden auch heute noch ausfindig machen, die neben spezifischen Techniken einen entsprechenden theoretischen Hintergrund aufweisen und durch empirische Studien ihre Wirksamkeit nachgewiesen haben: psychodynamische Verfahren und verhaltenstherapeutische Verfahren.

Psychodynamische Verfahren mit dem Grundgerüst der psychoanalytischen Theorie
Diese Theorie basiert auf der Annahme von bewußtem und unbewußtem Erleben, dem Konfliktmodell, der Ableitung aus der frühen Kindheit als entscheidende Zeit für die Entstehung der psychischen Störungen sowie der Phasenlehre. Das Wesentliche der Therapie wird im Durcharbeiten der therapeutischen Beziehung gesehen. Diese ist dadurch gekennzeichnet, daß der Patient das Erleben der entscheidenden Bezugspersonen aus der frühen Kindheit wiederbelebt und auf den Therapeuten überträgt. Im Rahmen des Therapieprozesses kommt es dann zur Auflösung der Übertragungsbeziehung und damit verbunden zum Durcharbeiten von neurotischen Fehlhaltungen und Konflikten.

Zunehmend wird allerdings in den psychodynamischen Verfahren im Hier und Jetzt gearbeitet und weniger der Versuch unternommen, die frühe Kindheit des Patienten aufzuarbeiten. Zu den psychodynamisch orientierten Verfahren gehören Psychoanalyse, tiefenpsychologisch fundierte Psychotherapie, aber auch Therapien, die unter dem Begriff der *humanistischen Psychologie* zusammengefaßt werden, wie Gestalttherapie, Psychodrama und Transaktionsanalyse.

Henseler (1981) fand immer wieder bestätigt, daß die bewußte Konfliktsituation in aller Regel einen Anlaß darstellt, an dem sich eine längst vorhandene, aber unbewußte Konfliktthematik neu entzündet.

Dieser unbewußte Konflikt kann in folgenden Schritten aufgedeckt bzw. nachvollzogen werden: Zunächst die Suche nach dem kränkenden Anlaß, die schon im ersten Gespräch mit dem Suizidpatienten unternommen werden sollte. Sie kann schon dadurch erschwert werden, daß bei den entsprechenden Patienten die Tendenz besteht, den kränkenden Anlaß (z. B. Partnerkonflikt) nicht mehr offen darzustellen (Verleugnung, Verdrängung), sondern andere Motive vorzuschieben. Unmittelbar daran anschließen sollte sich die Suche nach dem Hauptgrund unter der Annahme, daß für die Entstehung akuter Suizidalität *ein* Hauptproblem maßgebend ist (z. B. Neigung zu symbiotischen Partnerbeziehungen). Schließlich sollte versucht werden, einen Zusammenhang zwischen kränkendem Anlaß und unbewußtem Grundproblem herzustellen. Die enorme Enttäuschungsanfälligkeit der Patienten mit ihrem schwach ausgeprägten Selbstwertgefühl zwingt den Therapeuten zu einem das Selbstwertgefühl stützenden Vorgehen, denn der Suizidpatient sieht den Suizidversuch als eine Handlung zur Rettung seines Selbstwertgefühls an, z. B. nach Trennungen von Partnern (Henseler 1981).

Der Versuch, den Patienten zum Wahrnehmen und Ausdrücken aggressiver oder feindseliger Gefühle zu bringen, wird nicht als sonderlich hilfreich angesehen. Vielmehr führen solche Versuche zu quälenden Schuldgefühlen der Suizidpatienten (Reimer 1986a).

Reimer (1986a) hat auch auf häufige Fehler im Umgang mit Suizidpatienten hingewiesen:
- Trennungsängste übersehen (z. B. Urlaub, Stationswechsel, Entlassung);
- Provokation persönlich nehmen;
- Bagatellisierungstendenzen des Patienten mitmachen;
- einseitige Betonung der Aggressionsproblematik;
- mangelnde Exploration der jetzigen und evtl. früheren Umstände, die zu Suizidalität geführt haben;
- zu rasche Suche nach positiven Veränderungsmöglichkeiten.

Die Fehler im Umgang mit Suizidpatienten hängen sehr von der Einstellung des Therapeuten ab, welche als ein Abbild der allgemeinen Einstellung zum Suizidproblem betrachtet wird.

Auch die eigene Suizidalität und Selbstwertproblematik von Helfern können eine weitere Einflußgröße auf das emotionale Klima im Kontakt mit Suizidpatienten darstellen. Die Suizidalität in helfenden Berufen (besonders bei Ärzten) ist nach verschiedenen Untersuchungen zwei- bis viermal höher als in der vergleichbaren Normalbevölkerung (Bämayer und Feuerlein 1984). Im schlimmsten Fall fließen diese eigenen, womöglich unbewußten suizidalen Tendenzen des Therapeuten dann in die Beurteilung der Lebenssituation des Patienten ein und führen zu einem Einverständnis mit den suizidalen Tendenzen des Patienten. Umgekehrt kann es zu Bagatellisierungstendenzen kommen, wobei der Therapeut eine drohende Suizidgefahr übersieht. Qualifiziert der Therapeut suizidales Verhalten als „Schwäche" ab, so kann es zu einer massiven Entwertung des Patienten kommen, der sowieso schon in seinem Selbstwertgefühl stark beeinträchtigt ist. Es kann dann passieren, daß der Patient seine „Schwäche" überwindet und sich umbringt (Reimer 1986b).

Die meisten Probleme in der therapeutischen Beziehung bereitet jedoch die ausgeprägte Ambivalenz des Patienten. Einerseits appelliert er an die Hilfsbereitschaft des Therapeuten und sucht die menschliche Bindung, andererseits wehrt er Hilfestellung und Zuwendung des Therapeuten ab. Der Therapeut muß sich dieses Wechselspiel immer wieder bewußt machen. Oftmals haben Patienten und Therapeuten überhöhte Ansprüche an den anderen, was zwangsläufig zu Enttäuschungen auf beiden Seiten führt. Der Therapeut muß sich immer darüber im klaren sein, daß er langfristig einen Patienten nicht von einem Suizidversuch/ Suizid abhalten und nicht für den Patienten handeln kann (Bronisch im Druck).

Verhaltenstherapeutische Verfahren mit dem Grundgerüst der Lerntheorie
Diese Theorie basierte zunächst auf der experimentellen Verhaltensforschung am Tiermodell, später mehr auf experimentellen Therapiestudien an gesunden Probanden und Patienten. Eckpfeiler der Verhaltenstherapie sind klassisches Konditionieren, operantes Konditionieren und Lernen am Modell. Die Wirksam-

keit der Therapie wird im Lernen und Verlernen von Verhalten, aber auch von Kognitionen (gedanklichen Verarbeitungsprozessen) gesehen, wobei der Therapeut im Gegensatz zu den psychodynamischen Verfahren nicht so sehr den Schwerpunkt auf die Beziehung zwischen sich und dem Patienten legt, sondern dem Patienten bei der Erarbeitung der Therapieziele und Durchführung der zu übenden Verfahren als Fachmann zur Seite steht. Den Verhaltenstherapien nahe stehen die *Kommunikations-* oder *Systemtherapien*.

Suizidales Verhalten wird in verhaltenstheoretisch orientierten Erklärungsansätzen als (subjektiv sinnvolle) Strategie zur Lösung von Problemen verstanden. Nach solchen Modellvorstellungen kann das Individuum dann möglicherweise aufgrund eines (länger andauernden) körperlichen Spannungszustandes oder einer Streßsituation/eines Konfliktes Auslösebedingungen, Alternativen im Umgang mit Streßsituationen/Konflikten und (mögliche) Konsequenzen nur in einer bestimmten, eingeschränkten Art und Weise wahrnehmen. Die Folge ist, daß suizidales Verhalten als einzige Möglichkeit übrigbleibt, mit der körperliche Spannungszustände und Streßsituationen/Konflikte beseitigt sowie Einstellungs- und Verhaltensänderungen bei Sozialpartnern erreicht werden können (Schmidtke und Schaller 1992).

Die Veränderung dieses Verhaltens kann auf kognitiver (gedanklicher), motorischer und emotionaler Ebene geschehen. Hierzu gehören nach Schmidtke und Schaller (1992) folgende Techniken:

— Erinnern positiver Erlebnisse (z. B. bei Partnerkonflikten);
— Vorstellung kurz- und langfristiger positiver Konsequenzen geplanten Verhaltens (z. B. Eingehen auf Eigenheiten des Partners führt zu einer besseren Atmosphäre in der Beziehung);
— Reattribuierungstechniken und alternative Erklärungen (eigene Erfolge werden öfter den eigenen Fähigkeiten zugeschrieben, Mißerfolge werden öfter als von anderen bewirkt, zufällig geschehen und nicht der eigenen Unfähigkeit zugeschrieben);

- Gedankenstop-Techniken (z. B. Suizidideen sofort unterbrechen mit „Stop"-Signal);
- Disput: z. B. Vor- und Nachteile eines Verhaltens werden diskutiert;
- Selbstkontrolltechniken (z. B. Reduktion der Zeit, die auf negative oder grüblerische Gedanken verwendet wird, vor allem wenn sie zwanghaften Charakter haben);
- Aktivitätsaufbau und Steigerung positiver Aktivitäten (z. B. Freizeitaktivität);
- Verbesserung sozialer Fähigkeiten (z. B. Fähigkeiten der Kontaktaufnahme);
- Problemlösungsstrategien mit den Elementen: Ziele bestimmen, die in der eigenen Macht liegen, erreichbar und positiv formuliert sind (z. B. Kontaktaufnahme mit früheren Freunden);
- Zerlegung von Zielen in Teilziele, deren Erreichung durch konkrete Kriterien festgelegt ist (zunächst Telefonanrufe mit früheren Freunden);
- Generelle Selbstbelohnungstechniken (z. B. bei erfolgreicher Bekämpfung von Suizidgedanken für eine gewisse Zeit Belohnung mit Kinobesuch etc.);
- Training im Umgang mit Gefühlen. Hierbei wird eine adäquate Erkennung und Benennung von Situationen mit starkem Gefühlsgehalt und eine konfrontative Auseinandersetzung mit diesen Situationen geübt (z. B. Auseinandersetzungen mit dem Partner bei bestimmten Themen). Ziel ist, eher zu vermitteln, wie man mit seelischen Verletzungen oder emotionalen Krisen umgeht und Verletzungen akzeptiert, als Patienten aus den Krisen selbst herauszunehmen.

Eine Zusammenfassung dieser Techniken kann im Rahmen der Erarbeitung einer Verhaltenskette (auf kognitiver, physiologischer und motorischer Ebene) geschehen. Hierbei wird Schritt für Schritt der Ablauf der Entwicklung zum suizidalen Verhalten in einer konkreten Situation erarbeitet, und es werden an verschiedenen Stellen Einstellungs- und Verhaltensänderungen aufgezeigt (Schmidtke und Schaller 1992).

3. Spezielle Einrichtungen zur Behandlung von Suizidpatienten

Damit sind gemeint Allgemeinkrankenhäuser, Kriseninterventionsstationen in Allgemeinkrankenhäusern und psychiatrische Kliniken, psychiatrische Liaisondienste, die „Arche".

Allgemeinkrankenhäuser
Allgemeinkrankenhäuser spielen eine wichtige Rolle bei der Erstversorgung von Patienten nach einem Suizidversuch.

Bei einer Analyse von fast 2000 Krankengeschichten von Suizidpatienten in Allgemeinkrankenhäusern, die fast alle auch über eine neurologische Abteilung verfügen, war aufgefallen, daß nur knapp die Hälfte aller Suizidpatienten überhaupt den Besuch eines neurologisch-psychiatrischen Arztes erhalten hatte. Bei wiederum nur einem guten Drittel der Suizidpatienten war eine Empfehlung oder eine Einleitung einer Nachsorge im abschließenden Arztbrief des behandelnden Krankenhausarztes aufgeführt worden. Dieses Ergebnis läßt sich mit Sicherheit auf die meisten Allgemeinkrankenhäuser in Deutschland übertragen (Reimer et al. 1979).

Wedler (1984) hat ein Modell zu einer adäquaten Behandlung von Suizidpatienten im Allgemeinkrankenhaus entwickelt: Die Patienten nach Suizidversuch werden möglichst bald aus der Intensivstation in eine Allgemeinstation verlegt, in der sich das Stationsteam für die Betreuung zuständig fühlt. Das Team wird durch Sozialarbeiter unterstützt, ein psychiatrischer Konsiliararzt steht bei unklaren Fällen für die Diagnostik und Therapie zur Verfügung. Studien zur Überprüfung der Wirksamkeit dieses Modells wurden allerdings bis jetzt noch nicht durchgeführt.

Kriseninterventionsstationen
In Deutschland, Holland und skandinavischen Ländern findet sich eine Reihe von Kriseninterventionsstationen in Allgemeinkrankenhäusern oder psychiatrischen Kliniken, die sich vornehmlich der Krisenintervention bei Suizidpatienten widmen.

Diese Stationen haben in der Regel nicht mehr als 13 Betten, vielfach weniger. Fast alle Einrichtungen werden als offene Stationen geführt. Die durchschnittliche Verweildauer der Patienten beträgt vier bis sieben Tage. Alle Stationen sind sehr personalintensiv und haben ein multidisziplinäres Team (Feuerlein et al. 1983).

Bronisch et al. (1986) haben die Entwicklung einer solchen Kriseninterventionsstation über fünf Jahre nachgezeichnet, Kolitzus und Feuerlein (1989) den Versuch eines Wirksamkeitsnachweises unternommen, indem sie die Patienten zwei bis drei Jahre nach stationärer Krisenintervention nach weiteren stationären Behandlungen, momentaner Befindlichkeit und subjektiver Beurteilung der damaligen Behandlung befragten. Das wichtigste Ergebnis war, daß sich 80% der Patienten in weiterführende psychiatrisch-psychotherapeutische Behandlung begeben hatten.

Psychiatrische Liaisondienste

Mit der zunehmenden Integration psychiatrischer Abteilungen in Allgemeinkrankenhäuser etablierten sich auch psychiatrische Konsiliardienste und schließlich psychiatrische Liaisondienste. Im Gegensatz zu den Konsiliardiensten arbeitet der Liaisonpsychiater intensiver mit dem Pflegepersonal und den Ärzten der Intensivstationen zusammen und ist fester Bestandteil des Stationsteams.

Möller et al. (1983) untersuchten 1980 300 und 1981 500 Patienten im Rahmen des Liaisondienstes der Toxikologischen Abteilung des Klinikums rechts der Isar in München. Für 21% der Patienten war kein weiteres Betreuungsangebot erforderlich. Der größte Anteil aller Patienten wurde zur Weiterbehandlung an niedergelassene Nervenärzte bzw. Psychotherapeuten oder zu einer Institution der psychosozialen Versorgung (z.B. der „Arche") überwiesen. 12% der Patienten mußten in eine psychiatrische Klinik verlegt werden; davon litt die Hälfte der Patienten an einer Psychose. Die Untersuchung der drei Patientengruppen mit unterschiedlich intensiver Weiterversorgung zeigte, daß sich die Patienten, denen keine Nachbetreuung angeboten wurde, auch als am wenigsten gestört erwiesen, während die stationär weiterbehandelten am deutlichsten gestört erschienen.

Die „Arche"

Die „Arche" in München ist ähnlich wie die Kriseninterventionszentren als Institution ein Grenzfall zwischen präventiver und therapeutischer Einrichtung. Die „Arche" war die erste ambulante Beratungsstelle für Suizidgefährdete in der Bundesrepublik. Ihr Ziel ist die praktische Suizidverhütung durch vorbeugende Maßnahmen, Nachbetreuung und Aufklärung. Das Team besteht aus Fachkräften, d.h. Ärzten, Psychologen und Sozialarbeitern, so daß die „Arche" eher einer therapeutischen Institution gleicht. Inhaltlich steht die Betreuung von suizidalen Patienten nach Suizidversuch im Vordergrund. Die Behandlung dauert im Normalfall 2–6 Monate mit einem Zeitaufwand von insgesamt 5 bis zu 15 Stunden. Die Abbruchquote ist mit 30-60% der Patienten nach etwa zwei bis drei Sitzungen relativ hoch, aber gerade für Suizidpatienten nicht untypisch (Lehmann 1982).

4. Empirische Überprüfung suizidprophylaktischer Maßnahmen

Es handelt sich hierbei um empirische Studien, die eine Nachbetreuung von Patienten nach Suizidversuch mit einem spezifischen therapeutischen Programm (experimentelle Gruppe) verglichen haben mit Patienten mit der allgemein üblichen Nachbetreuung (Diagnosestellung und Vermittlung in eine ambulante Psychotherapie) als Kontrollgruppe. Neun Studien mit einer Experimental- und Kontrollgruppe konnten in der Literatur gefunden werden (Möller 1992b). Die spezifischen therapeutischen Programme bestanden zum Teil in stationären Behandlungen, ambulanten Sitzungen, Hausbesuchen, nachgehender Betreuung (z.B. Aufsuchen des Patienten in seinem Zuhause). Die Therapie in den einzelnen Studien wurde entweder durch Ärzte, Psychologen oder Sozialarbeiter durchgeführt,

die ein spezielles Training erfahren hatten oder in einer Psycho-
therapierichtung ausgebildet waren.

Nur in einer dieser neun Studien wurden in der experimentellen Gruppe statistisch signifikant weniger Suizidversuche unternommen als in der Kontrollgruppe. In der experimentellen
Gruppe hatten Sozialarbeiter wöchentliche Kontakte mit den
Suizidpatienten. Wie Möller (1992 b) schlußfolgert, ist aufgrund der bisherigen Studien nicht erwiesen, daß spezielle
Nachbetreuungsangebote für Patienten nach Suizidversuch besser als die jeweils zur Kontrolle herangezogene Routinebehandlung Suizidversuche verhindern können. Möller weist jedoch
darauf hin, daß der Wirksamkeitsnachweis beim Vergleich einer Routinebehandlung mit einer spezifischen Behandlung sehr
schwer zu erbringen ist. Bei zwei mehr oder minder wirksamen
Therapiemethoden bedarf es einer sehr großen Anzahl unter-
suchter Patienten, um statistisch signifikante Unterschiede zu
erreichen. Unterschiede in den therapeutischen Verfahren sollten sehr deutlich sein, und es dürfen keine anderen Einflußgrößen die Ergebnisse verfälschen (ungleiche Zusammensetzung
von Kontroll- und Experimentalgruppe).

Da Suizide in solchen Therapiegruppen mit kleinen Fallzah-
len in Zeiträumen von Monaten bis zu mehreren Jahren ein
außerordentlich seltenes Ereignis sind, können diese kaum als
Erfolgskriterium herangezogen werden. Daher werden Suizidversuche, wie in den neun Studien berichtet, sowie Abnahme
der psychischen Symptome wie Depression und bessere soziale
Anpassung als Erfolgskriterium herangezogen. Nur hinsichtlich
psychischer Symptome und sozialer Anpassung schnitten die
Experimentalgruppen in einigen der neun Studien besser ab als
die Kontrollgruppen.

X. Zusammenfassung

> Tatsächlich habe nicht nur ich während meiner
> ganzen Lern- und Studienzeit die meiste Zeit mit
> den Selbstmordgedanken zubringen müssen, dazu
> herausgefordert von der brutalen, rücksichtslosen
> und in allen ihren Begriffen gemeinen Umwelt ei-
> nerseits, von der in jedem jungen Menschen größ-
> ten Sensibilität und Verletzbarkeit andererseits.
>
> Thomas Bernhard: *Die Ursache · Eine Andeutung*

Suizid und Suizidversuch können nur in einem biologischen,
sozialen, psychologischen und existentiellen Kontext des Individuums gesehen werden.

Der Versuch, Suizid und Suizidversuch monokausal, eindi-
mensional zu beschreiben und zu erklären, so wie es Esquirol
(1838) für die Biologie, Durkheim (1897) für die Soziologie,
Freud (1917) für die Psychologie und Schopenhauer (1852) für
die Philosophie unternommen haben, muß als gescheitert angesehen werden. Eine Zusammenschau ist gefragt, wenn auch die
Einschätzung der Gewichtung für die einzelnen Erklärungsmo-
delle bei dem gegenwärtigen Stand der empirischen Forschung
schwerfällt.

Eine solche Zusammenschau setzt auch eine Fokussierung
auf Schwerpunkte und Entwicklungslinien voraus, eine Ab-
straktion, die das Individuum mit seiner persönlichen Geschichte nur mehr bedingt widerspiegeln kann. Sie ermöglicht
jedoch, das Typische des Suizidgefährdeten herauszuarbeiten.
Dies soll in diesem Schlußkapitel versucht werden.

Tabus
Trotz der Verzweiflung der Betroffenen wie der Angehörigen,
trotz der gesellschaftlichen und volkswirtschaftlichen Bedeutung wird weiterhin in allen Gesellschaften das Thema Suizid
tabuisiert.

Kaum jemandem ist bekannt, daß der Suizid zu den zehn

häufigsten Todesursachen gehört, daß der Suizid bei jungen Menschen im Alter von 15 bis 35 Jahren die zweithäufigste Todesursache ist, daß in der Bundesrepublik Deutschland (alte und neue Bundesländer) die Zahl der Suizidtoten die der Verkehrstoten beinahe um ein Zweifaches übersteigt, daß in einigen Altersgruppen eine eindeutige Zunahme der Suizide zu verzeichnen ist und daß selbst im Kindesalter Suizide vorkommen.

Ambivalenzen

Ein Suizid und ein Suizidversuch sind äußerst selten eindeutige Handlungen. Von einer wohlüberlegten Bilanz kann keine Rede sein.

Nur in einer Minderzahl der Fälle, wie psychologische Autopsie-Studien gezeigt haben, geschieht der Suizid ohne Vorankündigung, und nicht selten werden selbst die sehr gut geplanten Suizide bzw. Suizidversuche sehr impulsiv durchgeführt. Viele derjenigen, die sich mit harten Methoden zu suizidieren versuchten und dann durch großen Zufall gerettet wurden, lösen sich von ihren suizidalen Absichten.

Auf der anderen Seite kann nur ein Bruchteil von Suizidversuchen als eindeutig appellativ, ohne ernsthafte Suizidabsicht eingestuft werden. Für diese Ambivalenz spricht auch die Tatsache, daß das Risiko eines Suizids mit der Anzahl der Suizidversuche steigt. Dabei ist es unerheblich, ob die vorausgegangenen Suizidversuche mehr appellativer oder mehr ernsthafter Natur waren.

Schließlich finden sich in der Bevölkerung nicht selten Suizidgedanken, Todeswünsche etc., wobei aber der Sprung in die aktive Handlung den Prozentsatz der Betroffenen deutlich verringert. Sehr häufig wird der Sprung mit Hilfe von Alkohol oder Medikamenten gewagt, die die Kontrollfunktionen des Ichs herabsetzen bzw. abschwächen.

Dennoch unterscheidet sich die Gruppe derjenigen, die sich suizidieren, von denjenigen, die einen Suizidversuch machen, schon allein durch die Zahlenrelation von 1 : 10 bis 1 : 15 und das Geschlechterverhältnis. Wir wissen bis heute nicht eindeutig, ob sich mit der steigenden Anzahl von Suizidversuchen auch die Suizidrate bei Mann und Frau erhöht.

Traditionen

Bei Traditionen handelt es sich um die Weitergabe individuell erworbenen Wissens von einer Generation auf die nächste. Schaut man sich die säkularen Trends in vielen Ländern an, so fällt eine bemerkenswerte Konstanz auf. Länder der K. u. K.-Monarchie, wie z. B. Ungarn, zeigen über ein Jahrhundert hinweg ausgesprochen hohe Suizidraten, während z. B. die Mittelmeerländer über größere Zeiträume hinweg niedrige Suizidraten aufweisen. Auch die Statistiken der WHO von europäischen Ländern im Zeitraum von 1960 bis 1980/86 spiegeln eine bemerkenswerte Konstanz der Rangreihe der einzelnen Länder wider. Hier scheint es sich um Traditionen zu handeln, deren Wurzeln vermutlich in religiösen, sozialen, kulturellen und politischen Entwicklungen liegen.

Für das äußerst ungewöhnliche Überwiegen von Frauen bei Suiziden in Indien mögen die abhängige Stellung der Frau im Familienverbund sowie die damit verbundene Selbstopferung der Frau beim Tod des Ehemannes verantwortlich sein. Der ebenfalls ungewöhnlich hohe Anteil der Suizide von Jugendlichen gegenüber den Älteren in Japan könnte in der seit Jahrhunderten besonders geachteten Stellung der Älteren und dem massiven Konkurrenzdruck der Jüngeren begründet sein. Dies mögen zwei Beispiele für Suizidtraditionen verschiedener Länder mit unterschiedlichen Kulturen sein.

Umbrüche

Bei der hohen Konstanz der Suizidraten vieler Länder sind deutliche Veränderungen für das soziale (soziologische) Verständnis von suizidalem Verhalten von besonderem Interesse. Dabei lassen sich langfristige und kurzfristige Veränderungen von Suizidraten unterscheiden.

Eine langfristige Zunahme von Suiziden findet sich in vielen westlichen Ländern. Für die Zunahme im höheren Alter ist hauptsächlich die gestiegene Lebenserwartung verantwortlich zu machen. Die Zunahme an Suiziden unter jungen Menschen in den letzten 30 Jahren ist schwieriger zu interpretieren. Ob es eine Folge des *Babybooms* nach dem Zweiten Weltkrieg und damit verbunden ein höherer Konkurrenzdruck ist, ein Verlust von gesellschaftlichem und familiärem Halt im Sinne des Anomie-Konzeptes Durkheims oder ob andere Gründe ausschlaggebend sind, muß offenbleiben. Interessanterweise gehen mit der Zunahme der Suizidraten erhöhte Raten von Depressionen und wohl auch Suchterkrankungen einher.

Eine langfristige Steigerung der Suizidziffern findet sich auch in Ländern, wie z. B. in Dänemark und Grönland, welche eine rapide Entwicklung vom Agrarstaat zum modernen Industriestaat durchgemacht haben, was ganz unterschiedliche Umbrüche nach sich zog, angefangen von den Sozialstrukturen über die Produktionsweisen bis hin zur Säkularisierung.

Ein kurzfristiges Absinken der Suizidziffern findet sich in Kriegszeiten in allen beteiligten und sogar auch unbeteiligten Ländern (die Schweiz im Zweiten Weltkrieg).

Politische Umwälzungen, wie z. B. in den Ländern der ehemaligen Sowjetunion geschehen, scheinen auch zum Absinken der Suizidraten zu führen (s. baltische Staaten). Es bleibt abzuwarten, ob diese Veränderungen dauerhaft sind oder wie bei Kriegen nur eine kurze Episode darstellen.

Imitationen

Von Traditionen zu trennen sind Imitationen. Sie werden durch Vorbilder hervorgerufen, die ausgesprochene Suggestivkraft besitzen und ansteckend wirken. Suizide nach der Veröffentlichung von Goethes „Werther", Suizide nach der Fernsehsendung „Tod eines Schülers" oder, in jüngster Zeit, nach dem Suizid Kurt Cobains, des Sängers der Grunge-Band Nirvana, sind solche typischen Imitationen.

Komplexer und komplizierter wird es bei anderen Beispielen. Die Entgiftung von Haushaltsgas in England führte zu einer länger anhaltenden Reduktion der Suizidraten. Hier handelt es sich womöglich doch um eine traditionelle Suizidmethode, die nicht kurzfristig ersetzt werden konnte.

Die Zunahme der U-Bahn-Suizide in Wien und deren Durchbrechung durch Verschweigen dieser Suizidmethode läßt an Imitation denken. Berücksichtigt werden muß allerdings auch die Tatsache, daß der akut zum Suizid Entschlossene eine erfolgversprechende und gut durchführbare Methode wählt, was durch den Sprung vor die U-Bahn – scheinbar – gewährleistet ist.

Dispositionen

Eine biologische Disposition im Sinne einer Vererbung von Suizidalität gibt es nicht. Die Übereinstimmungsziffern von eineiigen und zweieiigen Zwillingen liegen nicht weit auseinander. Was sich jedoch in Familien-, Zwillings- und Adoptionsstudien eindeutig zeigt, ist eine erhebliche familiäre Belastung mit psychiatrischen Störungen wie Depression, Sucht, Persönlichkeitsstörungen und Schizophrenie. Die häufig angenommene kausale Verknüpfung von Depression und Suizidalität läßt sich jedoch durch genetische und andere Studien nicht erhärten.

Eine biologische Disposition zur Impulsivität und Aggressivität scheint hingegen gesichert, wenn auch nicht spezifisch für suizidale Patienten. Die Stoffwechselveränderungen, vor allem im serotoninergen Transmittersystem, bei Patienten, die Suizidversuche und Suizide mit harten Methoden unternommen haben, wurden in vielen Studien bestätigt. Allerdings fanden sich ähnliche Befunde auch bei Mördern, Vergewaltigern, Pyromanen und bei psychiatrischen Patienten mit aggressivem und impulsivem Verhalten ohne Suizidversuch. Weiterhin bleibt offen, welchen Stellenwert dabei die Veränderung im serotoninergen Transmittersystem hat.

Eine Häufung von Suiziden und Suizidversuchen in Familien von Personen mit Suizid und Suizidversuch ist in vielen Studien nachgewiesen worden. Hier kann es sich durchaus auch um Traditionen und Imitationen handeln.

Entwicklungen

Spezifische Eltern-Kind- bzw. Mutter-Kind-Interaktionen werden ebenfalls vor allem in der psychoanalytischen Literatur beschrieben, sind aber nicht durch empirische Studien untermauert. Vor allem wird im Rahmen der Narzißmustheorien auf das fehlende Einfühlungsvermögen und die fehlende Anerkennung durch die Mutter hingewiesen, die andererseits mit dem Kind eine Symbiose zu leben versucht.

Aggression aus Frustration der Bedürfnisse des Kindes sowie Aggression aus dem insgesamt aggressiven Klima der Familien heraus, vor allem bei Suizidpatienten mit antisozialer und Borderline-Persönlichkeitsstörung, sind weitere Erklärungsversuche für suizidale Entwicklungen.

Bindungen

Die überwältigende Mehrzahl der Anlässe für Suizidversuche und Suizide sind drohende oder vollzogene Trennungen in zwischenmenschlichen Beziehungen, seien es nun Beziehungen von Kindern zu ihren Eltern, von Partnern oder von Eltern zu ihren mittlerweile erwachsenen Kindern. Der Appell an menschliche Bindung ist also das wesentliche Motiv für Suizidäußerungen, Suizidversuche und Suizide.

Als physiologische Reaktionen des von der aufziehenden Person vollständig abhängigen Säuglings und Kleinkindes sind Auflehnung, Verzweiflung und Loslösung als Stadien nach Trennungen bekannt, wobei es in allen Phasen zu Wutanfällen und destruktivem Verhalten kommen kann. Diese Stadien finden sich auch bei allen Formen des Trauerns und offensichtlich auch bei drohenden und vollzogenen Trennungen. Letztlich könnten Suizidversuch und Suizid auch als Ausdruck einer großen Verzweiflung über eine Trennung bzw. eines unerträglichen Trennungsschmerzes, dem nur mit dem Tod begegnet werden kann, verstanden werden.

Kränkungen

Neben dem Aspekt der Bindung ist sicherlich der Aspekt der Kränkung nicht zu vernachlässigen. Übermäßige Kränkbarkeit muß im Zusammenhang mit mangelhaft ausgebildetem Selbstwertgefühl gesehen werden. Dabei kann sich dieses sowohl in Selbstabwertung als auch in Selbstüberschätzung äußern oder zwischen beiden Zuständen oszillieren.

Treffen nun auf ein solches Individuum die nahezu jedes Leben begleitenden Belastungssituationen wie unglückliche Lieben, Trennungen, Scheidungen, berufliche Mißerfolge oder körperliche Erkrankungen, so reagiert es mit intensiven Gefühlen von Scham, Wut und Rache und letztendlich mit Selbstzerstörung.

Aggressionen

Lösungen von Bindungen wie Kränkungen schließen Aggressionen automatisch mit ein.

In einer Reihe von epidemiologischen und klinischen Studien konnte bei Suizidgefährdeten ein erhebliches aggressives Potential beobachtet werden, welches nicht nur nach innen, sondern vor allem auch nach außen gerichtet ist.

Warum sich allerdings bei einer Gruppe von Menschen dieses aggressive Potential besonders in Trennungssituationen in erster Linie gegen die eigene Person richtet, kann derzeit nur spekulativ beantwortet werden: Im Trauerprozeß tritt diese Aggression ebenfalls auf, richtet sich aber gegen die verstorbene Person und nicht gegen das eigene Ich. Daraus könnte man schließen, daß in Trennungssituationen die Bindung zum anderen nicht zerstört werden darf, denn der andere ist nicht unwiederbringlich verloren. Denkbar ist auch eine zu enge Beziehung zum anderen im Sinne einer Symbiose. Beide Konstellationen führen zu einer Wendung der Aggression gegen das eigene Ich.

Existentielle Rechte

Der Suizid ist eine Möglichkeit des Seins und nur dem Menschen eigen, eine *condition humaine*; der Suizid bewahrt dem Menschen Humanität, Würde und Freiheit, denn er bewahrt ihn vor einem inhumanen, unwürdigen und unfreien Leben, so Améry (1976).

Der Suizid wird immer ein Bestandteil menschlichen Seins bleiben.

Zweifellos kann der Suizid aus einer unlösbaren Situation heraus und zur Abwendung eines inhumanen, unwürdigen und unfreien Lebens erfolgen, ohne daß es eine Alternative gäbe. Für den Therapeuten ist es eine alltägliche Erfahrung, daß allein die Möglichkeit, sein Leben beenden zu können, dem Patienten Selbstvertrauen, Würde und Freiheit geben kann.

Jedoch nur selten sind Suizid und Suizidversuche abgewogene Handlungen. Die empirische Forschung hat gezeigt, daß – sei es aus biologischen, oder sei es aus psychologischen Gründen – Suizid und Suizidversuch zumeist Impulshandlungen darstellen. Sie erfolgen im Affekt, und Suizidalität klingt in den meisten Fällen schnell ab, auch bei Suizidversuchen mit „todsicheren" Methoden. Oft gewinnt der Betroffene eine andere Sichtweise des Lebens, welche neue Perspektiven für ein humaneres, würdigeres und freieres Leben enthalten kann.

Auf der anderen Seite geht vielen Suiziden und Suizidversuchen eine Entwicklung voraus, die durch Einengung, Wendung der Aggression gegen das eigene Ich und Flucht in die Irrealität gekennzeichnet ist. Diese Entwicklung läßt eine freie Entscheidung des Betroffenen nicht mehr zu. Besonders deutlich wird dies natürlich bei ausgeprägten psychischen Störungen wie Depression, Sucht, Panik und Schizophrenie.

Schließlich ist es die Ambivalenz des Suizidgefährdeten selbst, die der Voraussetzung für einen Freitod, nämlich einer freien Entscheidung für den Tod und gegen das Leben, widerspricht.

Vorbeugungen
Prävention und Therapie haben nach den vorliegenden empirischen Studien bis jetzt nicht zu einer merklichen Reduktion von Suiziden in der Bevölkerung geführt.

Prävention im Sinne von gesellschaftlich-politischer Veränderung ist utopisch. An erster Stelle stehen hier die Verbesserung der psychologisch-psychiatrischen Versorgung der Allgemeinbevölkerung sowie die Änderung von Grundeinstellungen zu Lebensbedingungen, aus denen heraus Suizidversuche und Suizide unternommen werden, wie Partnerkonflikte, Leistungsversagen und Fremdenhaß.

Aufklärung der Allgemeinbevölkerung ist dringend notwendig, da der Suizidgefährdete zumeist Signale gibt, bevor er einen Suizidversuch unternimmt oder sich suizidiert. Die Gefahren dieser Aufklärung liegen in dem Problem der Imitation von suizidalem Verhalten. Aufklärung der Fachleute ist ebenfalls dringend erforderlich und bis jetzt ungenügend.

Telefonseelsorgedienste, Samaritans, Kriseninterventionszentren erreichen und versorgen nur zu einem Bruchteil ihre angestrebte Klientel, nämlich Suizidgefährdete. Schon deshalb erscheint eine Suizidprävention durch diese Institutionen nicht ausreichend.

Hilfen

Krisenintervention ist eine *conditio sine qua non* zur Abwendung von Gefahren für Leib und Leben der Suizidgefährdeten und beinhaltet medizinische, psychiatrische, psychotherapeutische und soziale Maßnahmen.

Eine konsequente Langzeitprophylaxe von manisch-depressiven Störungen scheint eine Reduktion von Suiziden dieser Patientengruppe zu ermöglichen. Manisch-depressive Patienten machen allerdings nur einen kleinen Prozentsatz aller Patienten mit Suizid aus. Ob eine konsequente medikamentöse Behandlung die Suizidrate von Patienten mit schweren rezidivierenden oder chronischen Depressionen senkt, ist empirisch nicht eindeutig belegt.

Basis jeder psychotherapeutischen Intervention ist eine eindeutige Einstellung/Haltung des Therapeuten zur Suizidalität.

Folgende Leitsätze sollten beim Umgang mit suizidalen Patienten beachtet werden:

– Suizidversuche basieren in den meisten Fällen auf sehr subjektiven Bilanzen des eigenen Lebens, die fast immer korrigierbar sind.

– Therapeut und Patient müssen sich darüber im klaren sein, daß Suizid etwas ist, was *nicht* rückgängig gemacht werden kann.

– Nahezu jeder Suizidversuch enthält als wesentliches Element einen Appell an menschliche Bindung.

– Der Therapeut muß mit dem suizidalen Patienten einen zeitlichen Aufschub vereinbaren, während dessen er – noch einmal – mit dem Patienten die Lebenssituation genau anschauen kann.

- Kein Therapeut kann einen Patienten *langfristig* von einem Suizidversuch oder Suizid abhalten. Der Therapeut muß mit der Kränkung fertig werden, daß er nicht um jeden Preis Leben erhalten kann.
- Der Therapeut muß für den Patienten stellvertretend Hoffnung darstellen können.
- Ein Suizidversuch ist immer ernst zu nehmen, und es müssen auch bei parasuizidalen Gesten Konsequenzen gezogen werden.

Unter den oben genannten Voraussetzungen sind die Aufrechterhaltung und Festigung des Kontaktes zum Patienten *die* entscheidende therapeutische Intervention.

Einstellungen

Die bis jetzt nicht nachgewiesene Wirksamkeit von präventiven Maßnahmen und therapeutischen Interventionen mag wie eine Bestätigung für die Befürworter des Freitodes klingen oder zur Resignation führen. Sollen wir uns abfinden mit der Tatsache, daß eine nicht geringe Anzahl unserer Mitmenschen ihr Leben für nicht mehr lebenswert hält und die Konsequenzen zieht?

Die massive Tabuisierung der Suizidalität in nahezu allen Gesellschaften bis zum heutigen Tage läßt einen anderen Schluß zu: Die Auseinandersetzung mit der nur dem Menschen eigenen Fähigkeit, sich selbst zu töten – mit allen ihren Konsequenzen –, hat erst begonnen. Die empirische Forschung nahm ihren Anfang nach dem Zweiten Weltkrieg, und während der letzten beiden Jahrzehnte konnten schließlich präventive und therapeutische Strategien in kontrollierten Studien überprüft werden.

Die Suizidologie ist eine junge Wissenschaft und verdient die Chancen und die Zeit, die die Medizin insgesamt gebraucht hat, um Menschen erfolgreich helfen zu können.

Das Leben als kostbares Gut und die Verzweiflung des Betroffenen sollten uns dazu bringen, dem Thema Suizid den Stellenwert in unserer Gesellschaft zu geben, den lebensbedrohliche Krankheiten schon lange haben.

Danksagung

Mein Dank gilt in erster Linie meinen Patienten, die mir Einblick in ihr seelisches Leid gewährten. Ihr Vertrauen schuf die Grundlage für ein tieferes Verständnis suizidalen Erlebens und Verhaltens. Sie lehrten mich, Vorurteile, falsches und unvollständiges Wissen zu korrigieren, und ermöglichten erst die wissenschaftliche Auseinandersetzung mit diesem Thema.

In zweiter Linie gilt der Dank meinen Lehrern und Kollegen, die mir ihren Erfahrungsschatz und ihr Wissen zur Verfügung stellten. Besonders erwähnen möchte ich Herrn Prof. W. Feuerlein, der zusammen mit mir die Kriseninterventionsstation am Max-Planck-Institut für Psychiatrie in den Jahren 1981 bis 1985 aufbaute, die ich dann bis 1991 weiterführte. Sein klinisches Wissen und seine wissenschaftliche Erfahrung, vor allem aber seine Ausstrahlung als Lehrer und Mentor waren für meine persönliche, klinische und wissenschaftliche Ausbildung von unschätzbarem Wert.

Die Vielseitigkeit wissenschaftlicher Forschung am Max-Planck-Institut für Psychiatrie ermöglichte mir den Zugang zu ganz unterschiedlichen Bereichen der Psychiatrie und Psychologie. Dadurch konnte ich über mein spezifisches Fachwissen hinaus den Versuch unternehmen, möglichst umfassend das Gebiet der Suizidologie abzuhandeln.

Sehr stimulierend waren für mich natürlich Wissenschaftler auf dem Gebiet der Suizidologie, denen ich in persönlichen Gesprächen begegnet bin. Nur wenige kann ich hier namentlich erwähnen: Prof. K. Böhme, Prof. W. Felber, Prof. P. Götze, Prof. G. L. Klerman, Priv.-Doz. Dr. A. Kurz, Prof. H. J. Möller, Prof. C. Pfeffer, Prof. C. Reimer, Priv.-Doz. Dr. A. Schmidtke, Prof. G. Sonneck, Priv.-Doz. Dr. H. Wedler, Priv.-Doz. Dr. R. Welz, Priv.-Doz. Dr. M. Wolfersdorf.

Hierher gehört auch der Dank an die Kollegen, die im Rahmen von Seminaren und Supervision fragend und kritisch kommentierend sehr wesentlich zu meiner persönlichen Weiterbildung in Sachen Suizidologie beitrugen.

Last but not least habe ich Herrn Prof. W. Feuerlein für die kritische Durchsicht des Manuskriptes zu danken, die mir noch manche Anregung gab. In Herrn Müller-Cyran fand ich einen sehr kompetenten Philosophen, der das entsprechende Kapitel in diesem Buch „Der Suizid als existentielles Problem" durchgesehen hat. Meiner Sekretärin M. Hackemann danke ich nicht nur für die präzise Arbeit an Text und Literaturverzeichnis, sondern auch für inhaltliche und sprachliche Verbesserungen. Schließlich danke ich Dr. R. Bezold vom C. H. Beck Verlag für das Angebot, dieses Buch zu schreiben, sowie für die Korrekturen am Manuskript.

München, im Herbst 1994

Literatur

American Psychiatric Association (APA): *Diagnostic and Statistical Manual of Mental Disorders*. Revised version (DSM-III-R). American Psychiatric Association, Washington D. C. (1987). Deutsch: *Diagnostisches und Statistisches Manual psychiatrischer Störungen,* revidierte Fassung DSM-III-R (Wittchen, H. U., Sass, H., Zaudig, M., Köhler, K., Hrsg.). Beltz, Weinheim und Basel 1989

Améry, J.: *Hand an sich legen. Diskurs über den Freitod.* Klett-Cotta, Stuttgart 1976, 4. Auflage 1989

Angst, J., Clayton, P.: *Premorbid personality of depressive, bipolar, and schizophrenic patients with special reference to suicidal issues.* Compr. Psychiatry 27, 511–532 (1986)

Angst, J., Degonda, M., Ernst, C.: The Zurich Study XV. Suicide attempts in a cohort from age 20 to 30. Eur. Arch. Psychiatry Clin. Neurosci. 242. 135–141 (1992)

Arató, M., Demeter, E., Rihmer, Z., and Somogyi, E.: *Retrospective psychiatric assessment of 200 suicides in Budapest.* Acta Psychiatr. Scand. 77, 454–456 (1988)

Archer, J., Browne, K.: *Concepts and approaches to the study of aggression.* In: Archer, J., Browne, K. (ed.).: Human aggression: naturalistic approaches. Routledge, Kegan Paul, London 1989, 3–24

Aristoteles: *Nikomachische Ethik.* Übertragen und erläutert von Paul Gohlke. Schöningh, Paderborn 1956

Asberg, M., Nordström, P.: *Biological correlates of suicidal behavior.* In: Current issues of suicidology. (Möller, H.-J., Schmidtke, A., Welz, R., ed.). Springer, Berlin, Heidelberg, New York 1988, 221–241

–, Träskman, L., Thoren, P.: *5-HIAA in the cerebrospinal fluid: a biochemical suicide predictor?* Arch. Gen. Psychiatry 33, 1193–1197 (1976)

Avery, D., Winokur, G.: *Suicide, attempted suicide, and relapse rates in depression. Occurrence after ECT and antidepressant therapy.* Arch. Gen. Psychiatry 35, 749–753 (1978)

Baechler, J.: *Les Suicides.* Calman-Lévy, Paris 1975. Deutsch: *Tod durch eigene Hand.* Ullstein, Frankfurt, Berlin, Wien 1981

Bämayr, A., Feuerlein, W.: *Über den Selbstmord von 119 Ärzten, Ärztinnen, Zahnärzten und Zahnärztinnen in Oberbayern von 1965 bis 1978.* Crisis 5, 91–107 (1984)

Barraclough, B. M.: *The Bible suicides.* Acta Psychiatr. Scand. 86, 64–69 (1992)

–, Bunch, J., Nelson, B., and Sainsbury, P.: *A hundred cases of suicide: clinical aspects.* Brit. J. Psychiatry 125, 355–373 (1974)

–, Jennings, C., Moss, J. R.: *Suicide prevention by the Samaritans. A controlled study of effectiveness.* Lancet II, 237–239 (1977)

–, Pallis, D. J.: *Depression followed by suicide: a comparison of depressed suicides with living depressives.* Psychol. Med. 5, 55–61 (1975)

Baumann, P.: *Serotonin und Suizid.* In: Serotonin – ein funktioneller Ansatz für die psychiatrische Diagnose und Therapie? (Heinrich, K., Hippius, H., Pöldinger, W., Hrsg.) Springer, Berlin, Heidelberg, New York 1991, 79–94

Beck, A. T.: *Depression: clinical, experimental and theoretical aspects.* Harper & Row, New York, Evanton, London 1967

Bischof, N.: *Das Rätsel Ödipus.* Piper, München, Zürich 1985, 2. Auflage 1989

Bowlby, J.: *Attachment and loss.* Vol. I: Attachment. Basic Books, London 1969. Deutsch: Bindung: eine Analyse der Mutter-Kind-Beziehung. Kindler, München 1975

–, *Attachment and loss.* Vol. II: Separation: Anxiety and anger. Basic Books, London 1973. Deutsch: Trennung: Psychische Schäden als Folgen der Trennung von Mutter und Kind. Kindler, München 1976

–, *Attachment and loss.* Vol. III: Loss. Hogarth Press, New York 1980

–, *The making and breaking of affectional bonds.* Tavistock Publications, London 1979. Deutsch: *Das Glück und die Trauer. Herstellung und Lösung affektiver Bindungen.* Klett-Cotta, Stuttgart 1980

Bronisch, T.: *Prospective long-term follow-up of suicide attempters.* In: Suicidal behaviour in Europe – recent research findings (Eds. P. Crepet, G. Ferrari, S. Platt, M. Bellini). John Libbey CIC, Rome, Mailand, London, Paris, New York 1992a, 177–182

–, *Die depressive Reaktion – Probleme der Klassifikation, Diagnostik und Pathogenese.* Monographien aus dem Gesamtgebiet der Psychiatrie. Band 68. Springer, Berlin, Heidelberg, New York 1992b

–, *Suchtkranke.* In: Therapie bei Suizidgefährdung. Ein Handbuch (Wedler, W., Welz, R., Wolfersdorf, M., Hrsg.). S. Roderer, Regensburg 1992c, 199–206

–, *Does an attempted suicide actually have a „cathartic effect"?* Acta Psychiatr. Scand. 86, 228–232 (1992d)

–, *Suizidalität.* In: Notfallsituationen in Psychiatrie und Psychotherapie (Hewer, W., und Berger, M., Hrsg.). Urban und Schwarzenberg, München, im Druck

–, Feuerlein, W., Hertenberger, E.: *Eine Station für psychiatrische Krisenintervention fünf Jahre später.* Psychiatr. Prax. 13, 213–218 (1986)

–, Hecht, H.: *Comparison of depressed patients with and without suicide attempts in their past history.* Acta Psychiatr. Scand. 76, 438–449 (1987)

–, Hecht, H.: *Prospective long-term follow-up of depressed patients with and without suicide attempts.* Eur. Arch. Psychiatry Clin. Neurosci. 242, 13–19 (1992)

–, Wittchen, H. U.: *Suicidal ideation and suicide attempts: the role of comorbidity with depression, anxiety disorders, and substance use disorder.* Eur. Arch. Psychiatry Clin. Neurosci. 244, 93–98 (1994)

Bürk, F., Möller, H.-J.: *Prädiktoren für weiteres suizidales Verhalten bei einem Suizidversuch hospitalisierten Patienten. Eine Literaturübersicht.* Fortschr. Neurol. Psychiatrie 53, 259–270 (1985)

Camus, A.: *Le Mythe de Sisyphe.* Gallimard, Paris 1942. Deutsch: *Der Mythos von Sisyphos.* Rowohlt, Hamburg 1959

Caplan, G.: *Principles of preventive medicine.* Tavistock, London 1964

Chowdhury, N., Kreitman, N.: *A comparison of parasuicides („attempted suicide") and the clients of the telephone Samaritan service.* Appl. Soc. Studies 3, 51–57 (1971)

Chynoweth, R., Tonge, J. I., and Armstrong, J.: *Suicide in Brisbane – a retrospective psychosocial study.* Aust. N. Z. J. Psychiatry 14, 37–45 (1980)

Clayton, P. J.: *Bereavement and depression.* J. Clin. Psychiatry 51, 34–38 (1990)

Coppen, A.: *Indoleamines and affective disorder.* J. Psychiatr. Res. 9, 167–171 (1972)

Cross-National-Collaborative Group: *The changing rate of major depression.* Cross-National comparisons. JAMA 268, 3098–3105 (1992)

Diekstra, R. F. W.: *Epidemiology of suicide: aspects of definition classification and preventive policies.* In: Suicidal behavior in Europe. Recent research findings, (Crepet, P., Ferrari, G., Platt, S., Bellini, M., ed.). John Libbey CIC, Rome 1992, 15–44

Dorpat, T. L., Ripley, H. S.: *A study of suicide in the Seattle area.* Compr. Psychiatry 1, 349–359 (1960)

–, Ripley, H. S.: *The relationship between attempted suicide and committed suicide.* Compr. Psychiatry 8, 74–79 (1967)

Durkheim, E.: *Le Suicide: Etude de Sociologie 1897.* Deutsch: *Der Selbstmord.* Suhrkamp, Frankfurt a. M. 1987

Egeland, J. A., Hostetter, A. M.: *Amish study I: Affective disorders among the amish,* 1976–1980. Am. J. Psychiatry 14O, 56–61 (1983)

–, Sussex, J. N.: *Suicide and family loading for affective disorders.* JAMA 254, 915–918 (1985)

Esquirol, J.E.D.: *Des maladies mentales,* Paris 1838. Deutsch: *Von den Geisteskrankheiten.* Herausgegeben und eingeleitet von E. H. Ackerknecht. Hans Huber, Bern, Stuttgart 1968

Ettlinger, R. W., Flordh, P.: *Attempted suicide.* Acta Psychiatr. Scand. Suppl. 103, 5–29 (1955)

Farberow, N.: *Grundlagen der Theorie und Praxis von Selbstmordverhütungsstellen.* In: Selbstmordverhütung (Ringel, E., Hrsg.). Huber, Bern, Stuttgart 1969, 175–194

–, Shneidman, E. S.: *The cry for help.* McGraw-Hill, New York 1961

Felber, W.: *Parasuizid.* S. Roderer, Regensburg 1993

Feuerlein, W.: *Selbstmordversuch oder parasuicidale Handlung? Tendenzen suicidalen Verhaltens.* Nervenarzt 3, 127–130 (1971)

–, *Alkoholismus – Mißbrauch und Abhängigkeit. Entstehung, Folgen, Therapie.* Thieme, Stuttgart, New York 1989

127

–, Bronisch, T., Fürmaier, A.: *Eine Station für Notfallpsychiatrie und Kriseninvention – Konzepte, Struktur und erste Erfahrungen.* Psychiatr. Prax. 10, 41–48 (1983)

Fichte, J. G.: *Das System der Sittenlehre nach den Prinzipien der Wissenschaftslehre.* Neudruck auf der Grundlage der zweiten von Fritz Medicus hrsg. Auflage von 1922. Felix Meiner, Hamburg 1963. Untersuchung über die Moralität des Selbstmordes: 260–265

Freud, S.: *Zur Einleitung der Selbstmorddiskussion. Schlußwort der Selbstmorddiskussion* (1910). Gesammelte Werke, Bd. VIII. Imago, London 1940, 61–64

–, *Trauer und Melancholie* (1917). Gesammelte Werke, Bd. X. Imago, London 1940, 427–446

–, *Jenseits des Lustprinzips* (1920). Gesammelte Werke, Bd. XIII. Imago, London 1940, 3–69

Gaupp, R.: *Über den Selbstmord.* Gmelin, München (1905)

Gruhle, H. W.: *Selbstmord.* Thieme, Leipzig (1940)

Hawton, K.: *Assessment of suicide risk.* Br. J. Psychiatry 150, 145–153 (1987)

–, Fagg, J., McKeown, S. P.: *Alcoholism, alcohol and attempted suicide.* Alcohol Alcohol 24, 3–9 (1989)

Hegel, G. W. F.: *Grundlagen der Philosophie des Rechts oder Naturrecht und Staatswissenschaft im Grundrisse.* In: Werke in 20 Bänden. Suhrkamp, Frankfurt/M. 1989, S. 152, § 70

Henriksson, M. M., Aro, H. M., Marttunen, M. J., Heikkinen, M. E., Isometsä, E. T., Kuoppasalmi, K. I., Lönnqvist, J. K.: *Mental disorders and comorbidity in suicide.* Am. J. Psychiatry 150, 935–940 (1993)

Henry, A. F., Short, J. F.: *Suicide and homicide.* The Free Press, Glencoe, Illinois 1964

Henseler, H.: *Narzißtische Krisen. Zur Psychodynamik des Selbstmords.* Rowohlt, Reinbek bei Hamburg 1974. Westdeutscher Verlag, Obladen, 2. Auflage 1984

–, *Krisenintervention – Vom bewußten zum unbewußten Konflikt des Suizidanten.* In: Selbstmordgefährdung – Zur Psychodynamik und Psychotherapie (Henseler, H., Reimer, C., Hrsg.). Frommann-Holzboog, Stuttgart-Bad Cannstadt 1981, 136–156

–, *Probleme bei der Behandlung chronisch suizidaler Patienten.* In: Selbstmordgefährung – zur Psychodynamik und Psychotherapie (Henseler, H., Reimer, C., Hrsg.). Frommann-Holzboog, Stuttgart-Bad Cannstadt 1981, 157–160

Holding, T.: *The BBC „Befrienders" series and its effects.* Br. J. Psychiatry 124, 470–472 (1974)

Hollingshead, A. B., Redlich, F. C.: *Social Class and Mental Illness.* J. Wiley + Sons, New York 1958

Holsboer, F.: *Neurobiologische Forschungskonzepte für die Pharmakotherapie affektiver Störungen.* In: Psychopharmaka heute (Herz, A.,

Hippius, H., Spann, W., Hrsg.). Springer, Berlin, Heidelberg, New York 1990, 13–33

van Hooff, A. J. L.: *From autothanasia to suicide. Self-killing in classical antiquity.* Routledge, London 1990

Hume, D.: *Essays on suicide and the immortality of soul* (1783). *Über Selbstmord.* In: Die Naturgeschichte der Religion. Hrsg. von L. Urgimendahl. Felix Meiner, Hamburg 1984, S. 83–89

Janke, W.: *Erfassung von aggressivem und impulsivem Verhalten: Ansätze der Psychologie.* In: Aggression und Autoaggression (Möller, H. J., van Praag, H. M., Hrsg.). Springer, Berlin, Heidelberg, New York 1992, 35–61

Janowsky, D. S., El-Yousef, M. K., Davis, J. M., Sekerke, H.: *A cholinergic-adrenergic hypothesis of mania and depression.* Lancet II, 632–635 (1972)

Kant, I.: *Die Metaphysik der Sitten.* Akademie-Textausgabe. Band VI, Berlin 1968, S. 422

Kato, N.: *Self-destruction in Japan.* Folia Psychiat. Neurol. Jpn. 23, 291–307 (1969)

Kennedy, P. F., Kreitman, N.: *An epidemiological survey of parasuicide („attempted suicide") in general practice.* Br. J. Psychiatry 123, 23–34 (1973)

Kernberg, O. F.: *Borderline conditions and pathological narcissism.* Jason Aronson, New York 1975. Deutsch: *Borderline-Persönlichkeitsstörungen und pathologischer Narzißmus.* Suhrkamp, Frankfurt/M. 1976

Klerman, G. L.: *Depression and adaptation.* In: The psychology of depression: contemporary theory and research (Friedman, R. J., Katz, M. M., ed.). V. H. Winston + Sons, Washington, DC 1974, 127–156

–, *The current age of youthful melancholia. Evidence for increase in depression among adolescents and young adults.* Br. J. Psychiatry 152, 4–14 (1988)

Kohut, H.: *The analysis of the self. A systematic approach to the psychoanalytic treatment of narcissistic personality disorders.* International University Press, New York 1971. Deutsch: *Narzißmus. Eine Theorie der psychoanalytischen Behandlung narzißtischer Persönlichkeitsstörungen.* Suhrkamp, Frankfurt/M. 1973

Kolitzus, H., Feuerlein, W.: *Zwei bis drei Jahre nach stationärer Krisenintervention: Weitere stationäre Behandlungen, momentane Befindlichkeit und subjektive Beurteilung der Indexbehandlung im Rückblick.* Psychiatr. Prax. 16, 71–77 (1989)

Kreitman, N.: *The coal gas story.* Br. J. Prev. Soc. Med. 30, 86–93 (1976)

–, *Die Epidemiologie von Suizid und Parasuizid.* Nervenarzt 51, 131–138 (1980)

–, *Die Epidemiologie des Suizids und Parasuizids.* In: Psychiatrie der Gegenwart. 2. Krisenintervention. Suizid. Konsiliarpsychiatrie (Kisker,

K. P., Lauter, H., Meyer, J.-E., Müller, C., Strömgren, E., Hrsg.). Springer, Berlin, Heidelberg, New York, Tokyo 1986, 87–106

–, Smith, P., Tan, E. S.: *Attempted suicide in social networks*. Br. J. Prev. Med. 23, 116–123 (1969)

Kurz, A., Möller, H. J.: *Zur Wirksamkeit suizidprophylaktischer Versorgungsprogramme*. In: Suizidgefahr (Faust, V., Wolfersdorf, M., Hrsg.). Hippokrates, Stuttgart 1984, 110–122

Lehmann, W.: *Behandlung von Selbstmordgefährdeten in der multidisziplinären Fachambulanz: die „Arche"*. In: Herausforderung und Grenzen der klinischen Psychologie. (Fiedler, P. A., Franke, A., Howe, J., Kurz, H., Möller, H. J., Hrsg.). Deutsche Gesellschaft für Verhaltenstherapie, Tübingen 1982, 215–218

Lepine, J. P., Chignon, J. M., Teherani, M.: *Suicide attempts in patients with panic disorder*. Arch. Gen. Psychiatry 50, 144–149 (1993)

Lester, D.: *Effect of suicide prevention centers on suicide rates in the United States*. Public Health Rep. 69, 37–39 (1974)

–, Murrell, N. E.: *The preventive effect of strict gun control laws on suicide and homicide*. Suicide Life Threat. Behav. 2, 131–140 (1982)

Linden, K. J.: *Der Suizidversuch*. Enke, Stuttgart 1969

Maes, M., Cosyns, P., Meltzer, H. Y., De Meyer, F., and Peeters, D.: *Seasonality in violent suicide but not in nonviolent suicide or homicide*. Am. J. Psychiatry 9, 1380–1385 (1993)

Mayfield, D. G., Montgomery, D.: *Alcoholism, alcohol intoxication, and suicide attempts*. Arch. Gen. Psychiatry 27, 349–353 (1972)

Mc Culloch, W., Philip, A. E.: *The social prognosis of persons who attempt suicide*. Soc. Psychiatry, 177–182 (1970)

Meltzer, H. Y., Stahl S. M.: *The dopamine hypothesis of schizophrenia: a review*. Schizophr. Bull. 2, 19–76 (1976)

Menninger, K.: *Man against himself* (1938). Deutsch: *Selbstzerstörung. Psychoanalyse des Selbstmordes*. Suhrkamp, Frankfurt/M., 3. Auflage 1989

Miles, C. P.: *Conditions predisposing to suicide: a review*. J. Nerv. Ment. Dis. 164, 231–246 (1977)

Möller, H. J.: *Efficacy of different strategies of aftercare for patients who have attempted suicide*. J. Roy. Soc. Medicine 82, 643–647 (1989)

–, *Antidepressants – do they decrease or increase suicidality?* Pharmacopsychiatry 25, 249–253 (1992a)

–, *Rezidivprophylaxe nach Suizidversuch. Ein Vergleich unterschiedlich strukturierter Therapieangebote*. Psycho 18, 754–765 (1992b)

–, Bürk, F., Kurz, A., Torhorst, A., Wächtler, G., Lauter, H.: *Empirische Untersuchungen zur poststationären Versorgung von Suizidpatienten im Rahmen eines psychiatrischen Liaisondienstes*. In: Suizidales Verhalten – Methodenprobleme und Erklärungsansätze (Pohlmeier, H., Schmidtke, A., Welz, R., Hrsg.). S. Roderer, Regensburg 1983, 165–174

–, Hobel, M., Marchner, E.: *Epidemiologische Untersuchungen zum sui-*

zidprophylaktischen Effekt der Telefonseelsorge. In: Beiträge zur Erforschung selbstdestruktiven Verhaltens. Bd. 2. Selbstmordhandlungen bei Kindern und Jugendlichen (Specht, F., Schmidtke, A., Hrsg). S. Roderer, Regensburg 1986, 216–229

Montaigne, M. de: *Essais* (1580). *Essays und das Reisetagebuch*. Übers. von H. Luthy, Zürich 1953

Montesquieu, C. Baron de: *Lettres persanes* (1721). *Persische Briefe*. Übers. v. A. Strodtmann, Frankfurt 1964

Montgomery, S. A., Roy, D., Montgomery, D. B.: *The prevention of recurrent suicidal acts*. Br. J. Clin. Pharmacol. 15, 183–188 (1983)

Müller-Oerlinghausen, B., Ahrens, B., Grof, E., Grof, P., Lenz, G., Schou, M., Simhandl, C., Thau, K., Volk, J., Wolf, R., Wolf, T.: *The effect of long-term lithium treatment on the mortality of patients with manic-depressive and schizoaffective illness*. Acta Psychiatr. Scand. 86, 218–222 (1992)

Mundt, Ch.: *Suizide schizophrener Patienten*. Psychother. Med. Psychol. 34, 193–197 (1984)

Murphy, G. E., Armstrong, J. W., Hermele, S. L., Fischer, J. R., Clendenin, W. W.: *Suicide and alcoholism. Interpersonal loss confirmed as a predictor*. Arch. Gen. Psychiatry 36, 65–69 (1979)

–, Wetzel, R. D.: *Family history of suicidal behavior among suicide attempters*. J. Nerv. Ment. Dis. 170, 86–90 (1982)

–, Wetzel, R. D.: *The lifetime risk of suicide in alcoholism*. Arch. Gen. Psychiatry 47, 383–392 (1990)

Murphy, H. B.: *Comparative Psychiatry. The international and intercultural distribution of mental illness*. Springer, Berlin, Heidelberg, New York 1982

Newson-Smith, J. G. B., Hirsch, S. R.: *Psychiatric symptoms in self-poisoning patients*. Psychol. Med. 9, 493–500 (1979)

Nietzsche, F.: *Also sprach Zarathustra*. E. F. Fritzsch, Leipzig 1883/84

Pfeffer, C.: *The suicidal child*. The Guilford Press, New York, London 1986

Pfeiffer, W. M.: *Suizid*. In: Transkulturelle Psychiatrie. Thieme, Stuttgart, New York 1994, 188–200

Phillips, D. P.: *The influence of suggestion on suicide: substantive and theoretical implications of the Werther effect*. Am. Soc. Review 39, 340–354 (1974)

Platon: *Phaidon oder über die Unsterblichkeit der Seele*. In: Meisterdialoge, hrsg. v. A. Hübscher, Piper, München 1988

Platt, S.: *Unemployment and suicidal behavior: a review of the literature*. Soc. Sci. Med. 19, 93–115 (1984)

–, Hawton, K., Kreitman, N., Faag, J., Foster, J.: *Recent clinical and epidemiological trends in parasuicide in Edinburgh and Oxford: a tale of two cities*. Psychol. Med. 18, 405–418 (1988)

Pokorny, A. D.: *Prediction of suicide in psychiatric patients. Report of a prospective study*. Arch. Gen. Psychiatry 40, 249–257 (1983)

Popper, K. R.: *Logik der Forschung* (1934). J.C.B. Mohr, Tübingen, 9. Auflage 1989

–, Eccles, J. C.: *The self and its brain – an argument for interactionism.* Springer, Heidelberg, Berlin, London, New York 1977. Deutsch: *Das Ich und sein Gehirn.* Piper, München, Zürich 1982

Van Praag, H. M.: *Depression.* Lancet II, 1259–1264 (1982)

–, *Biological suicide research: outcome and limitations.* Biol. Psychiatry 21, 1305–1323 (1986)

Propping, P.: *Psychiatrische Genetik.* Springer, Berlin, Heidelberg, New York 1989

Reimer, C.: *Prävention und Therapie der Suizidalität.* In: Psychiatrie der Gegenwart. Bd. 2 (Kisker, K. P., et al, Hrsg.). Springer, Berlin, Heidelberg, New York 1986 a, 133–173

–, *Risiken im Umgang mit suizidalen Krisen-Patienten.* Prax. Psychother. Psychosom. 31, 320–331 (1986 b)

–, Reimlinger, S., Stelter, K.: *Zur Lage der Suizidpatienten in Hamburg.* Hamb. Ärztebl. 4, 116–119 (1979)

Retterstøl, N.: *Suicide in the nordic countries.* Psychopathology 25, 254–265 (1992)

Rich, C. L., Ricketts, J. E., Fowler, R. C., and Young, D.: *Some differences between men and women who commit suicide.* Am. J. Psychiatry 145, 718–722 (1988)

Ringel, E.: *Der Selbstmord. Abschluß einer krankhaften psychischen Entwicklung.* Maudrich, Wien, Düsseldorf 1953

–, (Hrsg.): *Selbstmordverhütung.* H. Huber, Bern, Stuttgart, Wien 1969

Robins, E., Murphy, G. E., Wilkinson, R. H., Gassner, S., and Kayes, J.: *Some clinical considerations in the prevention of suicide based on a study of 134 successful suicides.* Am. J. Public Health 49, 888–899 (1959)

Robins, L. N.: *Deviant children grown up: a sociological and psychiatric study of sociopathic personality.* William + Wilkins, Baltimore. Reprinted and published by R. E. Krieger Publishing Co., Huntington, New York 1974

Rohde-Dachser, C.: *Das Borderline-Syndrom* (1979). Huber, Bern, Stuttgart, Wien, 3. Auflage 1983

Rousseau, J. J.: *Julie ou la nouvelle Héloise* (1761). *Julie oder Die neue Héloise,* hrsg. v. J. G. Gellius, dtv, München 1988

Roy, A.: *Family history of suicide.* Arch. Gen. Psychiatry 40, 971–974 (1983)

–, Segal, N. L., Centerwall, B. S., Robinette, C. D.: *Suicide in twins.* Arch. Gen. Psychiatry 48, 29–32 (1991)

Sartre, J. P.: *L'être et le néant. Essai d'ontologie phénoménologique.* Gallimard, Paris 1943. Deutsch: *Das Sein und das Nichts. Versuch einer phänomenlogischen Ontologie.* Rowohlt, Hamburg 1993

Schildkraut, J. I.: *The catecholamine hypothesis of affective disorders: a review of supporting evidence.* Am. J. Psychiatry 122, 509–522 (1965)

Schmidtke, A., Häfner, H.: *Die Vermittlung von Selbstmordmotivation und Selbstmordhandlung durch fiktive Modelle. Die Folgen der Fernsehserie „Tod eines Schülers".* Nervenarzt 57, 502–510 (1986)

–, Schaller, S.: *Verhaltenstherapie.* In: Therapie bei Suizidgefährdung. Ein Handbuch (Wedler, H., Wolfersdorf, M., Welz, R., Hrsg.). S. Roderer, Regensburg 1992, 99–122

–, Weinacker, B.: *Suizidalität in der Bundesrepublik und den einzelnen Bundesländern: Situation und Trends.* Suizidprophylaxe 21, 4–16 (1994)

–, Weinacker, B., Pototzky, W.: *Suizid- und Suizidversuchsraten bei Kindern und Jugendlichen in den alten Ländern der Bundesrepublik und in der ehemaligen DDR.* Der Kinderarzt 24 im Druck

Schopenhauer, A.: *Über den Selbstmord.* In: Parerga und Paralipomena, Kap. XIII, § 158. Hendel, Halle/Saale 1852

Schulsinger, F., Kety, S. S., Rosenthal, D., Wender, P. H.: *A family study of suicide.* In: Origin, prevention and treatment of affective disorders. (Schou, M., Strömgren, E., ed.). Academic Press, London, New York, San Francisco 1979

Seneca, L. A.: *Ad Lucilium epistulae morales,* CIV. epistula. *Moralische Briefe,* hrsg. v. H. M. Endres. Goldmann, München 1960

Sonneck, G. (Hrsg.): *Krisenintervention und Suizidverhütung.* Facultas, Wien 1985

–, Etzersdorfer, E., Nagel-Kness, S.: *Subway-suicide in Vienna (1980–1990): a contribution to the imitation effect in suicidal behavior.* In: Suicidal behavior in Europe. Recent research findings (Crepet, P., Ferrari, G., Platt, S., Bellini, M., ed.). John Libbey CIC, Rome 1992, 203–213

Spinoza, B.: *Opera posthuma* (1677). Opera, hrsg. v. C. Gebhardt, Bd. 1–5. Winter, Heidelberg 1925

Stengel, E.: *Selbstmord und Selbstmordversuch.* In: Psychiatrie der Gegenwart. Bd. III. Soziale und angewandte Psychiatrie (Gruhle, H. W., Jung, R., Mayer-Groß, W., Müller, M., Hrsg.). Springer, Berlin, Göttingen, Heidelberg 1961, 51–74

–, *Suicide and attempted suicide.* Penguin Books, Great Britain (1964). Deutsch: Selbstmord und Selbstmordversuch. S. Fischer, Stuttgart 1969

–, *Neuere Ergebnisse der Suicidforschung.* Vortrag Kongr. Dt. Ges. Psychiat. Nervenheilkunde, Bad Nauheim, 1970

–, Cook, N.: *Attempted suicide.* Oxford University Press, London 1958

Thomas von Aquin: *Summa Theologica* II–II. Hrsg. von der Albertus-Magnus-Akademie. Die Deutsche Thomas-Ausgabe. Bd. 18 (II–II), Heidelberg 1953

Trowell, I.: *Telephone services.* In: Suicide theory and clinical aspects (Hankoff, L. D., Einsidler, B., ed.). PSG, Littleton/Mass. 1979, 401–409

Urwin, P., Gibbons, J. L.: *Psychiatric diagnosis in self-poisoning patients.* Psychol. Med. 9, 501–507 (1979)

Värnik, A., Wasserman, D.: *Suicides in the former Soviet republics*. Acta Psychiatr. Scand. 86, 76–78 (1992)

Voltaire, F. M.: *Dictionnaire philosophique portative* (1764). *Philosophisches Wörterbuch*, hrsg. von K. Stierle, Insel, Frankfurt 1985

Wedler, H.: *Der Suizidpatient im Allgemeinkrankenhaus*. Enke, Stuttgart 1984

–, *Über Zahlen*. Suizidprophylaxe 6, 177–185 (1989)

–, *Some remarks on the frequency of suicides in Germany*. In: Suicidal behavior in Europe. Recent research findings (Crepet, P., Ferrari, G., Platt, S., Bellini, M., eds.). John Libbey CIC, Rome 1992, 79–83

Weiner, I. W.: *The effectiveness of a suicide prevention program*. Ment. Hygiene 53, 357–363 (1969)

Weis, K.: *Selbstmordverhütung durch Laien*. In: Selbstmordhandlungen (Welz, R., Pohlmeier, H., Hrsg.). Beltz, Weinheim, Basel 1981, 296–312

Weiss, M. A., Scott, K. F.: *Suicide attempters ten years later*. Compr. Psychiatry 15, 165–171 (1974)

Weissman, M. M., Fox, K., Klerman, G. L.: *Hostility and depression associated with suicide attempts*. Am. J. Psychiatry 130, 450–455 (1973)

–, Klerman, G. L., Markowitz, J. S., Oullette, R.: *Suicidal ideation and suicide attempts in panic disorder and attacks*. N. Engl. J. Med. 321, 1209–1214 (1989)

Welz, R.: *Selbstmordversuche in städtischen Lebensumwelten*. Beltz, Weinheim 1979

Wender, P. H., Kety, S. S., Rosenthal, D., Schulsinger, F., Ortmann, J.: *Psychiatric disorders in the biological and adoptive families of adopted individuals with affective disorders*. Arch. Gen. Psychiatry 43, 923–929 (1986)

Wolfersdorf, M.: *Suizid bei stationären psychiatrischen Patienten*. S. Roderer, Regensburg 1989

–, *Stellung von Psychopharmaka in der Behandlung von Suizidalität*. Psychiatr. Praxis 19, 100–107 (1992)

–, *Therapie der Suizidalität*. In: Therapie psychiatrischer Erkrankungen (Möller, H. J., Hrsg.). Enke, Stuttgart 1993, 715–732

World Health Organization: *Techn. Rep. EURO 5428I*. WHO, Kopenhagen 1973

Register